【自序】

一個人的旅程，非去不可

2004年大學時第一次自助旅行，兩個人一個月走德法，
歐洲的美沒讓我失望，也讓我愛上了只待八天的巴黎。
咖啡色的巴黎鐵塔，黑色的雕花鑄鐵窗，
米色的塞納河，米色的石牆，
像一幅咖啡色系的油彩很深很深的印在我心裡，
回來常常想巴黎想到心痛。
所以我們努力存錢，
在2006年秋天又規畫了一次三個禮拜的巴黎行，
那些牽著手，愈走愈愛，怎麼都忘不掉的一切，
讓我們許下了三十歲之前要在巴黎住個一年半載的心願。

等我真的有機會完成心願，是要踏上一個人的旅程，
那是2010年九月，我即將滿二十九歲。

沒有想過我們會分開，
沒有想過有一天我會出書，
更沒想過這趟意外的一個人旅程會成為我的其中一本書。
但是在《More than Wonderful我的過動人生》和《昆蟲老師上課
了！》讓大家認識了吳沁婕之後，回過頭來看這趟好重要的旅程，
這是我真的很想寫的一本書。

也許是因為，那些美好和眼淚都太深刻了，
我幾乎只花了兩個月就完成這五萬多字的旅程，
一字一句都發自內心，
還有當時認真走過、認真拍下的精彩的每一天，
希望可以讓你們感受來自我心底的溫度。

跟我一起，勇敢的出發吧：）

目錄

Partie 4　走在我的美夢裡

Partie 1

出　發

七年

總是從總圖散步到椰林大道，我開始猶豫要不要蹺課。
一起去永康街的西雅圖喝著愛爾蘭奶茶，拿著完全沒在念的微積分。
仁愛路分隔島行道樹下陽光好漂亮，你會在那等我。
師大夜市踩著火箭筒，可麗餅掉了我滿身，還是要邊吃邊講。

在羊稠步道第一次喜歡有人陪我抓蝴蝶。
掉進田裡的池塘，為了救一隻卡在水管的笨烏龜。
一台常常發不動的小ㄅㄨㄅㄨ，載著你可以全省走透透。
很不熟的華納威秀、101，牽著手就變成我們的地盤。

開往海德堡的德國高鐵ICE，靠著窗看見有你的歐洲。
可愛的羅騰堡握著冰淇淋，走到哪都笑得好甜。
早晨的陽光照在池袋小巷的矮牆頭，等著我們出發。
關島海風鹹鹹吹來，夕陽從沒有盡頭的公路爬到你臉上。
坐在新橋上看著塞納河夜色，大聲唱張懸；
坐在箱根的巴士，一起蓋著綠光聽Tanya。
普羅旺斯聞著薰衣草香，走進向日葵花田，
一望無際的黃色，你說跳，我就飛進藍天。
托斯卡尼小路上哄著你，一直走就會找到祕密基地。
穆夫塔爾的小公寓，微風吹開水藍色窗簾，
看見和你一起的巴黎。

我會記得我們像兩個小朋友一樣，

像兩個無憂無慮的小朋友，

一起玩了好久好久、好久好久，

像是不會結束一樣。

謝謝你，讓這一切走進我的生命，

我要帶著它們繼續去找我的夢了，

希望你也找到你想要的。

不管在哪裡，我們都要快樂。

停不了的眼淚滴在指尖和鍵盤上。

七年，曾經我們是彼此的全世界。

現在的我，每天只想等待太陽下山，坐在陽台吹吹風，

這是唯一可以讓我喘口氣的時候。

我知道會很難很難，但是我得走過去，

我不知道我有沒有辦法，但是我好不喜歡不快樂的自己。

巴黎，曾經是我們兩個的夢想，

我們想要一起生活在這個我們最愛的城市。

這次，我要一個人去了，

我知道沒有你，我還是要往前走。

做夢的勇氣

我決定要去巴黎念書，念一個學期的語言學校，九月出發，二月回台灣。

真的很感謝老天，總是在我最需要的時候看到我。我聯絡上了三年前去巴黎玩時的民宿主人，鍾姐。現在她已經不做短期民宿，改成長租給留學生住宿。剛好她的房客十月要回台灣，我馬上卡位，她也阿莎力的答應保留給我。

然後我收到了一封神奇的email：

底迪學姊你好，以前常常在學校看到你，很欣賞你的球技和吹裁判的英姿，知道你要來巴黎，所以寫了這封email給你。我現在在巴黎工作，也常接待台灣的沙發客，有任何問題都可以找我喔！：）

是小朱，她是我台大的學妹，念經濟系。我們兩個其實只有以前在球場見過幾次面，因為我是女籃校隊的裁判，常常吹她們的比賽。很厲害的她到法國念了研究所，又很厲害的找到了工作，現在定居巴黎。

我看到這封email簡直就像中樂透一樣，因為我最弱的能力之一就是上網查資料，每次面對茫茫的網路資訊海，就算我有再大的熱情，還是會對著螢幕放空、不知所措。有一個天上掉下來的內行人讓我問，怎麼可能不把握呢？！

人超好又超有能力的小朱，不管我問他任何問題都能馬上詳細的回答我，還附表幫我比較最優惠方案，所以我決定，我要很不要臉的什麼都問他啦！

就這樣一個月時間，我喬好住宿，努力準備資料，申請學校、簽證，還請小朱幫我處理火車票和租車，規畫了一趟兩個多禮拜的「一個人一台車什麼都不用準備的南法旅行」。一切，慢慢就緒。

其實過程中我也幾度猶豫，這幾年的積蓄不多，也不少，應該會在這趟旅程全部花光。不過妹妹跟我說：「還好你有認真存錢，不然連去的機會都沒有～」
這……怎麼這麼中肯？！
爸爸媽媽也跟我說：「這些是你辛苦賺來的錢，我相信你自己會想清楚的。」
朋友開玩笑問我會不會一到巴黎就哭倒在路邊，中秋節前就回來跟他們烤肉了？哈哈，有可能喔！但我想，我真的需要這趟旅程。如果我的夢想少了誰就做不了，那我就不會再有做夢的勇氣了。

出發前我收到了一份很棒的禮物，是〈麗莎和卡斯柏〉（*Gaspard et Lisa*）的文件夾和文具組。

Dear Dee，要去巴黎念書了，這些東西一定少不了，雖然想跟你說
小心不要弄丟了，但是我知道說了也沒有用～：p
加油～ 回來一定會變得很厲害的！：）

看著文件夾上的卡斯柏和麗莎笑得好開心，一起游泳看金魚，一起
在鐵塔下手牽手。我的視線又模糊了……

謝謝你，真的，謝謝你。
我真的，要出發去巴黎了。

冒險開始

出發前一小時，我終於成功把我那幾乎全部想帶去的整個衣櫃，去
蕪存菁塞進我那個可以棄屍用的超大行李箱裡。

為了怕在托運途中，滿滿的行李會爆炸出來，我請媽媽拿了條尼龍
繩幫我把行李箱五花大綁，緊緊捆起來。

身為一個專業美術老師和專業家庭主婦，媽媽綁行李箱的手藝真是
令我讚歎，看起來超牢！

爸爸幫我把它扛下去，邊扛邊說：「這次可能會超重喔。」但我還
是想賭賭看，畢竟我已經背了一個滿滿的背包和拿了一個滿滿的登
機箱，真的沒有位置了。

到了機場，媽媽用力抱了我一下，跟我說一切小心。

謝謝你們，總是對我這麼放心，我會加油的！

到了長榮的櫃台，我把行李箱往磅秤一放，螢幕顯示出令我心寒的 28.4kg……

Oh no……它超重了6.4kg……

我用很誠懇的眼神看著地勤小姐，對她說這個行李箱是好不容易綁好的，打開真的很麻煩，但是她溫柔的拒絕了我。

「二十八公斤真的太重了，可能要請你把一些東西拿出來喔。」

我把這個大肉粽拿下磅秤，放在一旁看了半天，想要想出一個不用拆繩子也可以讓重量減輕的辦法。嗯，我決定試試看把拉鍊拉開一個洞，用摸的把鞋子都摸出來！

我蹲在櫃台旁歪著頭伸手進去摸鞋子，摸出來一雙一雙排在地上，排隊等著過磅的人們看著我，我很像在長榮的櫃台前擺攤。

終於把鞋子都摸了出來。我拿出上車前媽媽塞給我備用的一個很花的袋子，把它們全部裝進去。統統帶上飛機！

再次過磅，螢幕顯示24.2kg，我無助的望著長榮小姐，她跟我說：「OK，就這樣吧……」

感謝她的好心！我想她一定也不希望我在她的櫃台前擺攤太久。

到了候機室，終於可以好好坐下來。我拿出notebook在FB上發布出發前的最後一個動態：

要出發了！
我會努力不要把錢包弄丟、手機弄丟、行李弄丟、自己弄丟，希望可以為各位帶來不要損失太多的精彩大冒險～

闔上筆電，背起背包，關掉手機，出發吧！

巴黎我來了

經過了十四個小時的漫長飛行，飛機終於降落在巴黎戴高樂機場。我伸展了一下快要斷掉的腰，帶著我的大包小包去找行李。

第一次要自己拿行李，才發現機場真的有很多電視螢幕，怎麼以前都沒注意過？

很新奇的在螢幕上找到了我們的班機號碼和領行李的地方，跟著人群站在輸送帶旁邊。我想起了我那拉鍊不是很牢的行李箱，雖然有媽媽的巧手五花大綁，還是很擔心它會爆炸。

緊張的盯著輸送帶，腦中出現我的內衣褲掛在誰的行李箱上的畫面，直到看到一個依然很牢的大肉粽出現在眼前，才鬆了一口氣。

成功拿到行李，我為自己喝采了一下。原來不難嘛！哈哈！

拿到行李就要開始努力往巴黎前進。我右手推著一個棄屍用的二十四公斤超大行李箱，左手拉著一個小登機箱，背上揹著一個超重背包，肩膀上還有一個大花袋，真的不是普通的難前進。

兩個行李箱一直要往不同方向跑；大花袋背帶太短，每走五步就從我的肩膀滑下來掉在地上，我感覺我好像一個失敗的媽媽，帶著一群不聽話的孩子……背上的嬰兒好壯，哥哥姊姊各走各的，任性的弟弟動不動就賴在地上要我把他撿起來！

滿身大汗的拿出地圖和妹妹送我的藍綠色猴子小本本，上面有小朱
寫給我的詳細路線。看了一會兒之後發現，以我的方向感真的看不
懂地圖。好吧，我決定，路是長在嘴巴上的！
拿著小本本，用我講得最順的一句法文開始問路。

"Bonjour, est-ce que vous parlez anglais ?"
（日安，請問你講英文嗎？）

雖然很多人說巴黎人很冷漠，不愛講英文，但是我遇到的巴黎人都
很熱心啊，英文也講得很好，除了一個用英文對我說 "I don't speak
English." 的先生。
其實我很喜歡問路，除了因為我真的看不懂地圖，也因為問路可以
練習開口說。
看到陌生人善意的回應，當我發自內心笑著說出一句 "Merci !"
（謝謝！），都讓人感覺快樂和溫暖。問一次，就快樂溫暖一次～

滿身大汗，全身痠痛，一路走一路問，終於，帶著我任性的孩子們搭上了開往市區的火車。這時候成功坐上一列對的車，就是一種幸福！如果坐錯的話我也不想起來了……

拿出相機請隔壁的先生幫我拍了一張照片，然後把雙腿攤平在對面座位上，身體往後躺。空蕩蕩的車廂，車窗灑進了陽光，巴黎，我們要見面了耶。

● 把雙腿攤平在對面座位上，往巴黎前進！

That's Why I Love You

跟著小紙條，我成功搭上了通往小朱公司之路的最後一道關卡，
RER B（巴黎區間列車B線）。列車開上地面，今天，巴黎用超級大
藍天迎接我～
出了車站，剛好是我和小朱約定的時間。小朱在午休時開車來接
我，我終於可以把令人擔心的健壯孩子們放上她的車！真的太感謝
眼前這位以前在台大只有在球場碰過面的經濟系學妹了。親愛的小
朱，沒有你，我該怎麼辦？
原來認真打球吹比賽也是很重要的！哈哈！

小朱帶我到附近的mall吃午餐。
「不然，就簡單的吃個PAUL吧。」她說。
PAUL？我記得這不是最近在台灣很紅的貴婦下午茶餐廳嗎？小
朱說，PAUL是巴黎平價方便的連鎖麵包店，就像台灣的85度C。
Wow，巴黎的85度C也很有味道呢。
我們各點了一份鹹派套餐，一送上來，鹹派超級厚，派皮酥脆，內
餡鮮嫩好吃，加上飲料和甜點只要11歐，以歐洲的消費來說真的算
是相當平價。
吃飽喝足後，小朱要回公司上班，我就搭地鐵去找我的巴黎。

走進熟悉的地鐵，全身興奮了起來。雖然很多人說巴黎地鐵髒髒臭
臭，但我就是喜歡它超有巴黎味，而且我知道它會帶我到巴黎美麗
的大街小巷。每次最期待的，就是走上出口那一刻，不知會是怎樣
的一幅明信片出現在眼前。

我決定先到巴黎歌劇院（Opéra）。記得上一次來巴黎時搭機場接駁車，就是在巴黎歌劇院下車。走出地鐵，一抬頭我就哭了。壯麗的歌劇院站在我眼前，屋頂上金色的天使張開翅膀，在清澈的藍天下閃閃發光。怎麼會這麼帥！！！

Oh，巴黎，街道漂亮就算了，竟然可以隨隨便便就有一座歷史悠久又超級帥氣的建築在市中心！

坐在歌劇院階梯前聽著最愛的歌，一首一首的聽著，看著想念的巴黎街道，什麼都不用做就覺得好滿足。

走到了歌劇院對面，是一個有三條超大馬路匯集的路口。我很愛這裡，這裡有夠巴黎。拍了一張照片上傳，寫下："Paris, that's why I love you! "

傍晚搭車回到小朱的公寓。我還沒按門鈴，她親切的室友已經從二樓打開窗向我揮手。她是嘟嘟嵐，一個可愛的北京女孩。

我們安頓好行李就上街去買菜，說好了今天一定要擺一桌來請我的大恩人們！

穿著短褲、拖鞋，提著蔬菜水果，走在巴黎的巷弄中，去麵包店買明天早上要吃的可頌。噢，這是夢幻的巴黎居家生活嗎？

中西合璧的黑胡椒奶油洋蔥嫩雞丁、彩椒牛柳、蒜蓉鮮蝦，我把跟媽媽偷學的最拿手菜端了出來，恩人們都說好吃。我們喝著超市買來只要3歐就超好喝的粉紅酒Rosé，開著窗和巴黎的夕陽共進了一頓浪漫的晚餐～

洗過澡打開行李想要稍微整理，突然覺得我的電力用完了。
「先睡吧！」小朱說。
感謝主人答應暫時把客廳借我弄亂，還幫我鋪了一張超舒服的沙發床。一躺平，全身肌肉都跟我一起大聲呼喊：「好累喔～～～～」
閉上眼睛，腦中最後閃過的一句話：「昏倒時的睡眠品質最棒了!」

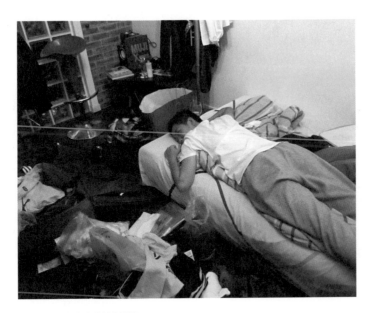

● 感謝主人把客廳借給我弄亂。

● 喜歡走上地鐵那一刻。

● Paris, that's why I love you！

● 一起上街買菜。

● 超級感謝大恩人小朱（右）和嘟嘟嵐（左）！

● 巴黎歌劇院

● 我愛的路口，在巴黎歌劇院對面。

腦中的塞納河

早上舒服的睡到自然醒，一看手錶已經十點，我居然睡了整整十二個小時。

小朱去上班了，嘟嘟嵐弄個簡單的早餐給我吃。嘟嘟嵐是從清華大學畢業，來法國念研究所，現在正在認真讀書兼找工作。她是個講起話來有點哲理又有趣的北京女孩。

吃了早餐，喝著昨晚剩下的粉紅酒享受窗外的陽光，想著待會去哪裡走走好呢？

我想，這就是long stay的意義吧，不用趕著去哪，才是開始真正的生活著。

去找我愛的塞納河吧，就沿著河隨意走，好多想念的地方都在那兒。跟嘟嘟嵐問了路，背著背包就出發。

小朱的公寓在巴黎近郊，需要先搭一段火車去換地鐵。從她家走路五分鐘就會到Bécon站。Bécon很好記，就是培根嘛（當然其實不是），記吃的我最會了！

搭上火車看著窗外，今天的天空真是藍得不像話，沒有一絲雜質的純正天藍。大約十五分鐘車程，就到了終點站聖拉薩（Saint-Lazare），就是莫內（Claude Monet）筆下的聖拉薩車站。十二條軌道的大車站和屋頂上的大鐘，來往匆忙的人們，逆著光就像一幅畫。

走出車站，找到了長得很像菠蘿麵包的聖拉薩地鐵站，要在這裡轉搭地鐵十二號線。巴黎的地鐵每一條線有不同的顏色，跟著顏色就很容易找到。我在協和廣場（Place de la Concorde）站下車，一出站就看到金色的方尖碑和鐵塔在藍天下閃耀。

左轉走進杜樂麗花園（Jardin des Tuileries），水池旁坐滿了曬太陽的法國人。在歐洲能享受溫暖陽光的日子不多，所以只要有機會，大家都會用力把握。我也入境隨俗拿了張鐵椅加入池邊曬太陽的行列，曬不到五分鐘就覺得我的額頭要燒焦了，再看看身邊的法國人都一副陶醉的表情，真的令人很難理解。難道他們的皮膚比較耐曬？

杜樂麗花園很漂亮。這裡有美麗的庭園和羅浮宮（Musée du Louvre）的古典建築，很像小時候看小甜甜和安東尼談戀愛的場景。走到協和廣場出口，過個馬路，就到了塞納河我最愛的一段。從這裡往右看，可以看到鐵塔及華麗的亞歷山大三世橋（Pont Alexandre III）。

我很喜歡這個景，記得以前住在永和，都會看著一家50元pizza店的牆上海報想著巴黎，那張海報就是這個景。

往左走上了索菲利諾橋（Passerelle de Solférino），橋的欄杆上鎖了很多情人鎖。相愛的情人會在這裡上個鎖，象徵他們堅貞的愛情，然後分手時好像會拿油壓剪來把它剪掉。

後來橋上的鎖已經多到快把橋壓垮，法國政府呼籲大家別再來上鎖。沒辦法，大家都太想鎖起來了。

下了橋，我走到塞納河邊。天氣很好，很多人在這裡悠閒的散步、曬太陽。這裡一直是我最喜歡的地方，我們一起走過好多次的地方；還有一直在那裡的法國梧桐和楊柳。走著，走著，我看著波光粼粼的河水；走著，走著，我經過了奧賽美術館（Musée d'Orsay），遇到新橋（Pont Neuf）；走著，走著，才發現雖然我喜歡不用腦跟著你走，但是很多事情都留在腦中了。

下次，換我帶著你走吧：)

● 鐵塔與亞歷山大三世橋

● 杜樂麗花園，可以看到羅浮宮。

● 聖拉薩車站

● 協和廣場上有方尖碑矗立，遠方還看得到鐵塔。

● 情人鎖還少少的索菲利諾橋，左邊是羅浮宮，右邊是奧賽美術館。

● 2013年的橋，大家都太想鎖起來了。

● 杜樂麗花園的噴水池坐滿曬太陽的人。

Partie 2

什麼都不用準備
的南法之旅

一個人的旅行

清晨六點半，被一陣陌生的手機鬧鈴聲吵醒，張開眼看著黑暗中陌
生的天花板十秒，才想起我在小朱家的客廳，我在巴黎。今天要出
發去南法展開一個人的旅行。

我馬上起床刷牙洗臉，六點十五分，氣溫大概只有十五度，九月的
巴黎此時天色還是一片黑。套上羽絨外套，拉著我的大行李箱，發
了一張照片上FB，跟大家說我要出發去冒險了。
照著小朱昨天晚上寫給我的詳細路線，我搭上火車，在聖拉薩菠蘿
麵包地鐵站成功換了地鐵，到達巴黎里昂車站（Gare de Lyon），再
拿出車票找到螢幕上的月台，成功的坐上了開往亞維農（Avignon）
的高速列車TGV。
Yes！！我幫自己拍了一張眼袋很大的喝采照。
火車開動，看著窗外太陽漸漸升起，粉橘色的天空被車站的杆軌和
纜線切割成一幅美麗的畫面，一個人的旅程，即將展開。

坐在舒適的TGV座椅上，聞著車廂裡的咖啡香混著一股溫暖的地毯
味道，想起小時候第一次去歐洲、爸爸媽媽帶我們去德國玩時，搭
上德國高速鐵路ACE那種好期待好興奮的感覺。這是歐洲的味道。

睡了一陣，張開眼睛，車窗外開始出現了田園丘陵的法國鄉村景
致。我戴上耳機，聽著Tanya，好多畫面在播放。我喜歡這種感覺，
不管什麼時候，只要一首歌，就可以掉進我的世界；只要一首歌，
哪裡都可以是我的世界。

就在我非常陶醉的時候，發現火車已經停了下來。這一站很多人下車，看起來有點像個大站……

問了身邊的阿姨："Avignon?"（亞維農？）她跟我點點頭，我馬上背上背包、拖著行李衝下車，差一點就被載到下一站去了。

看著五年前曾經來過一次的亞維農車站，有一種熟悉的感覺，這裡長得和以前一模一樣耶！不敢相信我真的一個人來了，oh，我在南法了！

拖著行李走到車站旁一區有好多租車公司的地方，找到了Avis，是歐洲一家很有名的租車公司。我拿出小朱幫我印下的單據和我的信用卡，交給櫃台的先生。"Bonjour!"他很有精神的跟我打招呼，拿過單據看了一會兒，寫了些東西，然後拿起我的信用卡在機器刷了一下。他皺起眉頭，又刷了一下……皺起眉頭，再刷了一下……然後他拿起我的卡對我搖頭，說了一些我聽得懂但湊在一起不知道是什麼意思的英語。

我拿出小朱借我的手機，打給她，請她幫我跟這位先生溝通。經過一陣流利的法語交談，這位先生把手機拿給我。

「我跟你說，你的信用卡不能刷……」小朱用很擔心的聲音說。

什麼……？！

我為了這次要租車特別去辦的唯一一張閃亮亮信用卡不能刷……

因為這張高科技的電子信用卡寫著「electronic use only」，沒有以前
信用卡那種凸起來的字面，結果在這高科技的法國不能刷⋯⋯
我不敢相信會遇到這種事。問了小朱我該怎麼辦，她說除非有人拿
著一張可以刷的信用卡來亞維農救我，不然我的「一個人一台車什
麼都不用準備之遊南法計畫」還沒開始就要失敗了。
這⋯⋯

所以我現在需要有個朋友剛好經過亞維農又剛好願意借我他的卡，
這樣的機率有多大呢？
我樂觀的腦袋想了十秒鐘，告訴我這樣的機率滿大的，於是我決定
先拖著行李搭上巴士往亞維農市區出發！

● 眼袋很大的喝采照

● 聽著歌，掉進我的世界。

好久不見，亞維農

搭上巴士，大概十幾分鐘的路程就看到了亞維農的城牆。進入城門，穿過一列高大的法國梧桐，在一棵很眼熟的大樹旁下了車。喔，我認得它！對於我一個人來到這遙遠的地方，但是這裡什麼都長得和五年前一模一樣，還是無法不湧上一些奇妙的興奮感覺，可能因為不太敢相信我真的一個人來了吧。很想摸摸它的頭、捏捏它的臉，好確定這一切是真的。

一下車，走了幾步就發現，亞維農城很有味道的石板路卻讓我的行李超難拉。
一路上喀哩喀啦很擔心輪子壞掉。本來我想好會有一輛車，所以就完全沒整理的把我整個棄屍用行李箱和裡面滿滿的衣服都帶來了。

還好亞維農的大街不長，拖著拖著，我抬頭看到了一棟眼熟的建築，還有眼熟的招牌上寫著「HOTEL」。喔，好像是我們五年前來住的那一間耶，會不會太有緣了？！
懷舊如我，加上行李真的拖不動了，立馬決定，我要住這一家！

走進旅館看到小小的大廳，我還記得那綠色牆面，還有櫃台旁邊那個放一件行李人就快沒地方站的超小電梯。
我問櫃台小姐是否還有空房。Yes！！運氣很好。小姐點點頭，然後拿了一張便條紙在上面寫了"69E"。
69……比起我每天住房扣達50歐超出得有點多……我怎麼記得之前來住的時候比較平價？

也是啦，因為那時我們是四個人來玩，四人房大家分攤一下真的比一個人住雙人房便宜好多！

不管了，既然這麼有緣就來住個一天吧。等我把行李安頓好，就可以去旁邊的小巷再找找，應該會有便宜一點的旅館……

安頓好行李之後，我把電腦拿出來在大廳上網，po上了亞維農的照片和我的信用卡無法使用的消息，想問問大家有沒有什麼辦法，或是看有沒有人會經過亞維農來救我。網路的力量是很強大的！

很多朋友熱心的留言，不過大家對於我那高科技的「electronic use only」信用卡好像都不太了解，我想也許連幫我辦卡的那位信用卡業務員也不是很了解。此時此刻我真的好想揍……好想問問他為什麼要幫我辦這張卡？！我明明跟他說我是租車要用的！！！

而世界也真的很大，好像暫時沒有人剛好要來南法。關上電腦，先去散散步吧。

● 亞維農城門

● 一進城，眼前是一排高大的法國梧桐。

● 五年前住的這間旅館，就在亞維農大街上。

● 小小的大廳、小小的電梯長得和以前一樣。

美好的浪費時間

亞維農是個不大的城，慢慢走不用很久就可以走完。

我在大街旁邊的小巷裡問到一家一天只要39歐的頂樓單人迷你小套房。這價錢真的太實惠了！！！

馬上跟老闆訂好房間，明天就搬過來～

傍晚的風吹來涼爽舒服，夕陽映在城堡前的廣場。餐廳的露天座位坐滿了遊客，笑容掛在每個人的臉上，讓人感染了歡樂的氣氛。雙雙對對的情侶怎麼這麼多，要刺瞎人的眼睛了，還好一個人其實也不錯。（誤）

夜色降臨後的亞維農更加熱鬧，沒有生意不好的餐廳。我漫無目的的走，漫無目的的想，或不想……我懂了，幸福就是可以在美好的地方浪費時間，做你覺得舒服的事。不用看錶，冷了回去睡覺，剛剛好。

● 亞維農小巷，有米色的石板路和建築，各種小店坐落在其中，很有南法觀光城市的風格。

● 亞維農城堡

● 亞維農是個藝術城，每年都會舉辦亞維農藝術節。廣場中是一倒立的大象雕塑，我一直覺得它長得很像沙威馬。

● 有名的亞維農斷橋，無法走到對面。這座橋因為戰爭被炸斷了，後來政府保留斷橋的模樣，變成這裡的特色景點。

● 河邊的幸福情侶和狗狗

● 我在這家旅館投宿，一晚消費39歐的單人小套房。

● 夜晚的亞維農更加熱鬧，大街上的餐廳坐滿了人。

又是Rita神！

隔天早上，我一起床就到大廳上網，繼續努力想辦法，結果打開MSN，我親愛的妹妹上線了。她現在在幫台灣的GPS公司工作，跑遍世界各地，開著車用車頂照相機拍GPS需要的照片。人在巴西的她還是揪甘心的關心我。

「你的信用卡不能用嗎？」她丟我。

「是啊……」

「跟你說喔，Rita跟我說，她們那邊好像有一組組員正在法國拍照，後天要去馬賽，可能可以經過亞維農借你信用卡……」

什麼？！？！？！是Rita神～～～～～

誰是Rita神呢？讓我來介紹一下她。她是我生命中一個神奇的朋友，認識她就等於認識了全世界！我和妹妹是在高中升大學的暑假去加拿大遊學時認識Rita，她和我們同年，但憑著一股對外國文化的熱情和彰化人好相處的個性，她交遊廣闊，好友遍及全球五大洲，每次在學校都可以看到她和不同國家的同學相處得很融洽。

認識不久，我們就和她還有幾個好朋友一起規畫了一次洛磯山脈之旅，一起到傑士伯和班夫國家公園（Jasper / Banff National Park）玩了好幾天。該回去那天，我和Rita兩人意猶未盡，想要來點不一樣的體驗，我們決定脫隊，自己租車繼續玩，然後一路搭便車回到我們住的城市。雖然大家都勸我們這樣太危險，回到我們住的城市路程將近一千公里，如果攔不到便車或是遇到壞人怎麼辦？但是我們這兩個不知死活的死小孩還是執意要試！（真的很危險，小朋友不要學！）

我們租了一輛小車繼續玩了兩天,還車後,我們站在路邊,伸出大拇指做出搭便車的姿勢,等待願意載我們的好心人。也許因為我們是兩個看起來像小朋友的年輕女生,不一會兒就有一輛車子停下來載我們,但他和我們並不是完全同路,等到必須分道揚鑣時,他放我們下車。

這時天色已經快黑了,我們站在路邊一直攔到天黑,都沒有人要停下來載我們。就這樣,我們站在前不著村、後不著店、伸手不見五指、只聽得見風聲的壯闊洛磯山脈圍繞的山路邊,孤零零的等待,沒有盡頭的等待……

這時,Rita神說話了,我永遠忘不了她那句迴盪在黑暗山谷間讓人久久無法回神的一句話:

「我附近好像有朋友耶!」
　「我附近好像有朋友耶!」
　　「我附近好像有朋友耶!」
　　　「我附近好像有朋友耶!」
　　　　「我附近好像有朋友耶!」

附近……朋友……正當我還傻眼在黑暗中，無法弄清哪裡是附近、什麼是朋友的時候，Rita已經轉頭開始走了。我抱著睡袋、背著行李，跟著她走了一會兒，過了一座橋，竟然看到遠處有通明的燈火。這……在我眼前的是一座很大很大的五星級飯店，我下巴愈掉愈下面。Rita直直走了進去，跟櫃台人員講幾句話，不久就看到一個日本女孩穿著飯店制服跑出來，和Rita開心的擁抱。Oh……我想我應該一直沒有闔上嘴巴。

當天我們住在Rita朋友的溫暖宿舍，隔天還得到招待，吃了超級豐盛的飯店自助早餐，拍了一堆流浪漢不敢相信自己在五星級飯店的太爽照片才離開，繼續上路。最後，我們平安回到住的小鎮。
從此，我就把Rita信奉在心裡當神，她讓我看到了神蹟。

想不到十年後，我被困在這遙遠的南法小城，法力無邊的Rita神還是能庇護我。我妹妹這份工作就是Rita介紹的，Rita也在這間GPS公司工作。熟知公司內各組動態的她知道我被困住了，就跟剛好在法國的兩位好心組員溝通了一下。

三天後，他們願意拿著信用卡來亞維農救我，也就是說，三天後，我就有車了！！！！！

● 傑士伯國家公園，當時青春的我們。

● 拿著睡袋，等待好心人讓我們搭便車。

● 好心的瑞士大叔載了我們一程，分道揚鑣前拍張照！
我那時好胖……

● 前一天還差點凍死在路邊，不敢相信我們竟然在吃高級buffet。

● Bye-bye，不可思議的奇遇！

● 好心的牛仔開著載馬的車，把我們載回住的小鎮。

我有車了！！！

為了等信用卡，我在亞維農住了三天。如果不是因為這特殊的機緣，應該是沒有人會安排整整三天都只待在亞維農這個小小城市。還好有找到這間39歐的頂樓單人小套房，讓我等待的時間不至於太心慌。

這間非常小的一人套房，有一個非常非常小的衛浴間，衛浴間沒有門，裡面站一個人刷牙、洗臉、淋浴剛剛好。房裡還有一張單人床和小書桌，讓我可以拿出電腦寫點東西。房間的牆上沒有窗戶，但是有一個很酷的天窗，涼涼的風從頭頂吹進來，晚上打開還可以看到滿天星星，好浪漫～

但是有一天晚上突然下起霹靂大雷雨，我被滴在臉上的冰涼雨水給驚醒，驚慌的起床想把天窗關起來，卻因為不會使用，讓天窗愈開愈大。

我更驚慌的衝下樓，拿起櫃台一個小小的鈴鐺用力搖了五分鐘，終於把睡夢中的旅館老闆搖醒。

他穿著衛生衣、衛生褲，睡眼惺忪的跟著我跑上五樓，熟練的幫我
把天窗關起來，下樓前對我說了一句：「它可能還會再漏喔……」
就回去不會漏水的一樓睡覺了。

可能還會再漏喔～

我整個晚上聽著淅瀝嘩啦的雨打在天窗上，腦中出現我漂浮在房間
的畫面，覺得自己好像被關在破爛閣樓的莎拉公主（就是那個和小
甜甜、喬琪姑娘一樣漂亮的莎拉公主）……
還好疲憊終於打敗了擔心，老闆關窗的技術其實滿好的，我一覺到
天亮，沒有發生什麼莎拉公主的事。

這幾天中午天氣熱時，我就在房間寫寫東西，傍晚再出去散散步。
大街上的超市有賣一個5歐充滿火腿和起司的熱呼呼panini，拿來當
午餐剛剛好。

晚上就吃一家越南小館子的好鹹湯麵和拌米粉，雖然好鹹，卻讓好想念台灣食物的我非常滿足。

每天穿著拖鞋、短褲，頂著稻草頭在城裡熟稔的亂晃，看到遊客竟然有一種我是居民的感覺，這樣也滿酷的……
我真的沒有跟一個遙遠的城市這麼熟過！

終於三天過去，到了約定拿鑰匙的時間。我慎重的穿上長褲，抓了個頭髮，搭巴士來到亞維農車站租車的地方。在租車公司門口看到一個看起來很親切的台灣男生。
「嗨，我是Jimmy，是Rita和沁妤的同事。」他拿出信用卡，很熟練的用英文和租車公司的人員溝通了一會兒，我們就被帶著來到停車場領車。

這是一台手排的小雷諾，在歐洲租車，手排比自排的便宜好多，還好我平常在台灣有開媽媽的古董手排車練習。
確定拿到車後，一股興奮的感覺湧上。太感謝小朱、我妹、Rita神，還有素昧平生卻願意把信用卡借我的Jimmy！
拿著鑰匙，請租車公司的先生幫我和Jimmy拍了張合照，po上FB向大家說這個好消息。

Yes！！！普羅旺斯我來了～～～～～～～～～～

● 我的39歐頂樓迷你單人小套房，右邊是沒有門的超小衛浴間。

● 房間上面有天窗。

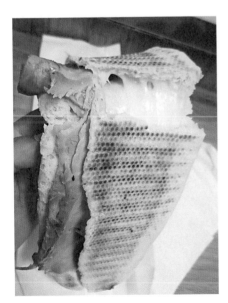

● 五歐的panini，充滿火腿起司，熱呼呼。

● 越南小餐館的拌米粉，解我思鄉之苦。

● 超級感謝大好人Jimmy！我租到車了！！！

Bonjour普羅旺斯

又是一夜的霹靂大雷雨，本來很擔心，但是一早醒來，雨就停了。
去上廁所時，轉身從馬桶上面的窗戶看到一幅好美的畫。喔，好天
氣！我要出去玩～～～～～
從行李箱拿出一套很帥的衣服，抓了頭髮，背著背包，上路！

亞維農城外有一個免費的大停車場，走路大概十分鐘就到了，昨天
我的小雷諾開回來就停在這，我決定幫他取名「小雷」！
小雷是一輛很好開的年輕手排車，和我媽媽那台離合器很緊又沒有
動力方向盤的十幾歲古董TOYOTA相比，真的超級好開，方向盤也
太滑順了！

戴上墨鏡，坐上小雷，輕踩離合器順暢的換檔，我覺得自己在開跑
車～今天要去我的偶像昆蟲學家法布爾（Jean Henri Fabre）最愛的馮
杜山（Mont Ventoux），期待超久的！
跟著小朱借我的GPS語音指示一路走，是一個女生的聲音，她叫
Jane。歐洲的GPS可以選擇你需要的伴遊先生或小姐。
Jane，你好，這兩個多禮拜麻煩你了～

下了高速公路，開一會兒就看到遠方白帥帥的馮杜山頭。馬路兩旁
大片的葡萄園讓人好興奮。我馬上路邊停車拿出腳架來拍照，到了
沒有人的地方，悶了三天的腳架終於可以出場！
把相機裝上，喬好我要的景，按下十秒自拍快門，就趕快跑到鏡頭
中間擺個pose。怎麼這麼好玩？！

和我的帥小雷拍了張帥照，再跟結實纍纍的可愛葡萄拍了一張。
Wow，這些都是之後要釀葡萄酒的法國葡萄耶！
一個鬍子白白的農夫走過來，我跟他說了聲："Bonjour~"
他也跟我打招呼。
我比手畫腳的問他可不可以吃一顆葡萄？他笑著點頭。
好甜喔～～～～超好吃！
我還以為用來釀葡萄酒的葡萄會不好吃，想不到這麼甜，看來快要
可以採收了。

繼續上車，我慢慢開，邊開邊用眼睛餘光掃射哪裡有可愛的小路小
村莊，喜歡就下來拍照，這是自己開車才能享受的玩法。傳了一張
藍天白雲的美景上FB，朋友們留言說，在上班時間上傳這種照片太
缺德了！哈哈，我在普羅旺斯了耶！

一路開上了馮杜山，看到好多腳踏車騎士用勇健的雙腿用力往上
爬。聽到了有趣的銅鈴聲，看到一群繫著鈴鐺慢吞吞走路吃草的可
愛綿羊。

愈爬愈高，馮杜山獨特的白色石灰岩山頭好像被白雪覆蓋一樣。路
邊停車下來拍照，wow……來到這麼高，超級冷……真的有一種冰
天雪地的fu。

風太大讓我的腳架一直被吹倒，拉緊外套和這好酷的雪白景象自拍了一張。下山時看到壯麗的普羅旺斯山景，想邊開車邊欣賞，卻覺得有點太高，腳麻麻的……還是專心開好了！

最後跟著網路上的薰衣草地圖往蘇城（Sault）開。九月，沿路的薰衣草田都收割了，只剩下幾根殘留的紫色，但是空氣中依然有舒服的薰衣草香，讓我忍不住坐在路旁大口吸了好久。
來到蘇城，坐在可以看到整片普羅旺斯田園美景的石牆上，跟許多單車騎士們一起休息。天涼了走進小山城的民家散步，遇到可愛的小貓和可愛的老奶奶。

腳痠了，就回去吧，上車一路頂著夕陽開回家，好棒的普羅旺斯，好棒的第一天。
有車真好！！！

● 藍天白雲，普羅旺斯我來了～～～

● 早上起床上廁所所看到的美麗窗景

● 拿出腳架自拍，with my 帥小雷～

● 結實纍纍的葡萄，好甜！

● 路旁的可愛小村莊

● 繫著銅鈴的可愛綿羊，走路會發出有趣的銅鈴聲。

● 石灰岩質的馮杜山，好像被白雪覆蓋。

● 好冷，腳架都站不穩，和窗戶自拍。

● 山頂遇到帥氣的法國大兵，漢草真好，摸起來硬梆梆～

● 在蘇城可以看到整片普羅旺斯的田園風光。

● 遇到可愛的貓奶奶，已經九十幾歲了還穿很帥的牛仔褲。

在地貓帶我走

今天也是個好天氣。昨天旅館老闆說，星期四歐紅桔（Orange）會有市集。我九點多就準備好出發了。南法的市集通常中午就收攤，太晚去會什麼都看不到。

到了歐紅桔，真的看到熱鬧的市集，琳瑯滿目的肉類、起司、蔬果、蜂蜜、香料、肥皂等等，顏色好漂亮，每一攤都好誘人！在地的老闆，加上在地的居民熱鬧採購，溫暖的南法氣氛讓人很開心。

沒走幾步看到了一個越南攤子，wow，賣的東西都比餐廳便宜好多！這趟南法旅程自己住、自己租車，真的很傷本，讓我每天的伙食扣達愈來愈拮据。看到了這麼實惠的價錢，馬上掏錢出來買了兩根春捲和一盒炒飯，興高采烈的找個地方坐下來，拿出春捲大口咬下……

呃……它……是冰的……

我不敢相信的往春捲中間一看，我想，它不只是冰的，還是生的，這應該是要買回家炸的春捲……

再摸了炒飯，太好了，也是冰的。我真的好餓，但是今天早餐和午餐的扣達已經用完了。放空了一會兒，我默默的把冰春捲放回袋子提著去逛市集，想不到一走就看到了超大鍋的西班牙海鮮飯。老闆用大勺子攪拌著，還熱呼呼冒著煙；左邊也傳來了香味，是整排油亮亮的烤雞在旋轉，下面還鋪滿油亮亮的小馬鈴薯。

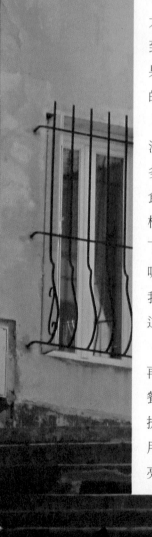

各種又香又漂亮的熱食不停對我招手，我提著冰炒飯、冰春捲，不敢相信自己就這樣把今天的扣達用完了。

冷靜的逛完市集，不帶感情的幫食物們拍了照，我回到車上用心咀嚼春捲，咀嚼久了它就熱了。其實，餓的時候也滿好吃的。我把炒飯放在車上，等一下太陽出來應該可以加熱。
我發誓下次再讓我遇到市集，一定會把今天的遺憾彌補回來。

下車後，我走到歐紅桔有名的競技場。
五年前我來過，這是南法少數被用欄杆圍起來的古蹟，進去要收費。對於被圍起來收費的古蹟我真的沒有興趣，那筆錢我可以買一盒熱熱的炒飯加一隻雞腿。所以我決定跟著競技場旁邊樓梯上的一隻小花貓走，我想在地貓應該可以帶我到不一樣的地方。

一路往上走到一個沒有人的公園，我往下看，wow，從這裡可以俯瞰整個城市耶！堆疊的紅瓦屋頂好有味道。
架好腳架，按下十秒自拍快門衝去石頭邊，慌忙坐下時撞到屁股，好痛！還是趕快擺出平靜眺望遠方的臉。這是很複雜的內心戲。

咔嚓～

● 熱鬧的南法市集

● 各種肉乾，散發出一種狗狗的味道。

● 各種沒看過的起司，看起來都很厲害。

● 水果攤

● 超大蚵仔

● 新鮮蜂蜜

● 市集的越南小吃攤，東西都是冰的，要回去熱了才可以吃。

往公園另一邊走，wow，更酷！從這邊可以看到競技場耶，是一個很棒的免費祕密景點，不過也是一個摔下去絕對不可能不死的高度。架好腳架，按下快門，我衝了三步再放慢腳步走到石頭邊小心坐好。這又是另一個挑戰。

謝謝在地喵帶我來，我有我自己的祕密景點了。

從山頂公園下來回到車上，太陽已經把車內曬到烤箱的溫度。一摸炒飯，真的熱了！挖一大口送進嘴裡，喔，人～間～美～味～～～好想念熱的食物啊！！！

狼吞虎嚥的把整盒炒飯吃完，好得意自己可以想出這麼棒的加熱方法。推薦給大家！

吃飽飽設定好GPS，往法布爾的故鄉出發！

● 歐紅桔有名的大競技場，進去要收費。

● 冒煙的西班牙海鮮飯

● 油亮亮烤雞和油亮亮小馬鈴薯

● 盆花與藤籃的攤位

● 在地貓帶我來的祕密景點。

我的偶像法布爾

法布爾是一位很有名的昆蟲觀察學家，達爾文推崇他是「無可比擬的觀察家」，雨果盛讚他是「昆蟲世界裡的詩人」。他的著作〈法布爾昆蟲記全集〉是昆蟲觀察界的經典。

他過著清貧的生活，但是一生都熱情投入昆蟲觀察，他在小小的花園「阿爾瑪斯」做了好多觀察和研究，這些都寫在〈法布爾昆蟲記全集〉裡。

我是從大學開始接觸法布爾的，看了昆蟲記，很敬佩他的熱情，在台大昆蟲系就讀時，有一次個人報告就做了法布爾。書裡面提到的美麗南法風光，小小的阿爾瑪斯花園，花園裡熱鬧的螳螂、螽斯、蜜蜂、切葉蜂、糞金龜，在他筆下都充滿生命力。
這次來南法之前，無意間在《來自昆蟲記的呼喚》一書上看到一位日本昆蟲學家參觀法布爾故鄉的事，才知道原來法布爾的實驗室和他的阿爾瑪斯小花園都被保存下來了，於是很開心的安排了這次朝聖之旅。

法布爾的家在塞西尼翁（Sérignan-du-Comtat），位在歐紅桔北方大約十公里的地方。上路開了一會兒，就看到有法布爾肖像的指標，再往前開，又看到了一個很大的「法布爾拿放大鏡」人形立牌。我開心的下車和偶像合拍了一張照。

● 和偶像立牌合照，拿著放大鏡是他的招牌姿勢。

到了塞西尼翁，停好車，發現這是個沒什麼人的超級小鎮，但是到處都是有著法布爾圖像的指標，看來他一定是這個小鎮的驕傲。
跟著地圖走到了法布爾的故居，小門竟然深鎖，隔壁有一個不大的昆蟲博物館也沒開，沒有這麼衰吧……？

問了旁邊修路的工人，他很好心的帶我走很遠到處問人，終於問到一個人，跟我們說中午休息，要下午兩點才開。很感激的跟好心工人說了謝謝，現在才十二點半，就先去晃晃吧！

小鎮雖然小，但是南法真的哪裡都可愛，很多彩色窗戶的房子讓我拍得不亦樂乎。
走著走著，看到轉角一個有矮牆的房子，想拍一張躺在牆上悠閒的照片。架好腳架，按下快門，衝向矮牆爬上去躺好，卡嚓！

我拍照的訣竅就是多拍幾次，總會挑到好作品的，但是正中午這樣在太陽下來回衝刺爬牆，覺得自己好像在當兵，滿身大汗而且頭有點暈，還好也差不多兩點了。

走到法布爾的故居，圍牆邊的小門真的開了，牆上寫著「Harmas Jean Henri Fabre」（阿爾瑪斯，法布爾），就是有名的阿爾瑪斯小花園。我興奮的往裡面走，一棟可愛的橘色建築出現在我眼前，小花園裡種著很多昆蟲記裡常提到的花花草草，有點不太敢相信這就是讓我認識好多有趣昆蟲故事的「阿爾瑪斯」。

陽光下我想起了書中描述的美麗風光，還有嗡嗡嗡在花草叢間飛舞的那些真實的故事主角們。

往房子裡面走，走到二樓，wow，是法布爾的實驗室耶，和書上長得一模一樣！！！櫃子裡放滿了各種化石、標本，中間的桌子上還有法布爾發明的器材「鐘型罩」，他用這個鐘型罩做了很多有名的實驗。
實驗室空無一人。看著窗外初次見面卻莫名熟悉的風景，我彷彿穿越時空回到那個我一旦認真閱讀就和法布爾一起待著的實驗室。

走出阿爾瑪斯，坐上車，全身放鬆後突然覺得電力用完了。回家吧，今天好充實喔。比當兵還累！

● 法布爾故居旁有一間小昆蟲博物館，
也是下午兩點才開。

● 好多彩色門的可愛房子

● 阿爾瑪斯的橘色建築

● 好棒的小天地！

● 法布爾先生

● 有名的鐘型罩，法布爾用它做了很多實驗。

● 法布爾的實驗室

最美的不在地圖上

接下來一個禮拜，我開著小雷在普羅旺斯山城隨意闖，這是我夢想中的「什麼都沒有準備的一人南法旅行」。我知道在法國這個到處都美麗的國家值得這樣玩。

我沒有先訂任何一間旅館，因為對我來說，在當地找到一間合適的旅館，比找到一間我事先訂好的旅館簡單得多。

在法國，每個城市都有「information center」，只要找到「i」的標誌走進去，什麼都問得到。那裡有詳盡的地圖，想找好吃好玩的地方，櫃台人員都會跟你說（工作人員都會說英文）。如果想找一間符合預算的旅館，只要把需求說出來，電腦鍵盤按一下，就任君挑選了。

不過要提醒大家，六到八月是南法的旅遊旺季，如果要確定有房住，可能還是要事先預訂。

我在到達一個城市找好住的地方、安頓好行李後，就去information center拿一張地圖，然後在地圖上選一個看起來有緣的地名輸入GPS，就算我根本不知道那是哪裡。對我來說，目的只是為了產生過程，只要在GPS輸入一個地名，帶著一顆期待的好奇心，就可以擁有路上的一切。

最美的通常不在地圖上。

南法人都非常友善，雖然大部分不太會講英文，但是只要一聲
"Bonjour~"，就是共通的語言。他們溫暖的笑容會在充滿陽光的臉上
綻放。

有時在可愛的民家門前拍照，遇到主人剛好走出來，他還會跟你說
聲抱歉，或是乾脆邀你進去參觀她家。

帶著我的輕巧傻瓜相機和腳架到處自拍，愈拍愈順手。眼睛是我的
鏡頭，感受讓我心動的畫面；相機的小視窗是我的相框，調整好我
要的構圖，按下快門跑過去，卡嚓！一張有我的明信片就出來了。
我真的愛上了這樣的旅遊方式，在明信片裡拍著一張又一張比明信
片還美的明信片，所有的感動被我收進腦中，也收進照片裡。

什麼都沒準備就什麼都不會錯過，只有賺到的！

● 這家主人很酷，看我很喜歡他們家，乾脆請我進去參觀。

● 南法的古老城市于熱斯（Uzès）

● 山城勾禾德（Goreds）

● 熱情的普羅旺斯色彩

● 可愛的主人發現我在她家門前拍照，
還跟我說抱歉。

最美的不在地圖上。

我想你

結束了一個禮拜的南法山城探險，今天往海邊出發。

在地圖上選了一個海邊城市拉西奧塔（La Ciotat），輸進GPS就開始一路開。往海邊的距離滿遠的，今天開上了要收費的大高速公路，過收費站時因為看不懂該怎麼用，停在機器前面好久，後面的駕駛超不爽，用力叭我，我緊張得滿身大汗，終於搞懂是要把螢幕顯示的金額丟進一個籃子裡。往前走之後，那位生氣的駕駛還開到我旁邊搖下車窗對我罵了一堆我聽不懂的話。歐洲人講話時手勢和表情都很多，尤其是激動的時候。

連續開了兩個多小時，終於到了拉西奧塔。一開進城就看到滿滿的人，喔，海邊城市太熱門了，可能不適合居住。我又拿出地圖找了一個離海邊有一段距離的城市勒博塞（Le Beausset），就在快要抵達時，Jane竟然把我導入一個無人葡萄園的超級小徑，差點出不來。我一路小心翼翼倒車出來，一邊忍不住罵她：
「看看你把我弄到哪裡了？！這是哪裡？這裡有路嗎？」
罵完了突然覺得有點sorry，我和Jane相依為命，她每天帶我去這麼多地方，偶爾弄錯一下好像也不該這麼兇的罵她。

折騰了一個早上，終於到了勒博塞，找到一間45歐的小旅館。
Check in的時候，我發現這間旅館的人完全不會講一丁點的英文。我跟老闆娘要了Wi-Fi密碼，她翻箱倒櫃找出一張小紙條，把密碼抄下來給我。她愈寫愈長，我看得嘴巴愈張愈大，我的天啊，這是我這

輩子看過最長的無線網路密碼，總共有二十六個字母，但是法國人寫的字母和我們一般看到的英文字母長得不太一樣，要把這組密碼完全正確輸入的機率，大概和中樂透差不多。

試了幾次我就放棄了，肚子好餓，吃了好多天的三明治、洋芋片配牛奶，今天真的想喝點熱湯。我拿出身上僅存的一包泡麵到樓下，對廚房裡的廚師比手畫腳想要熱水，廚師比手畫腳的說要幫我弄，要我找個位子坐著等，就拿著泡麵進廚房了。

等他送上來時，我整個傻眼，我的好好一包滿漢大餐牛肉麵送上來竟然變成乾麵。

天才廚師把我的麵煮好撈起來放進一個盤子裡，很貼心的把油包，調味粉包撕開，放進可愛的小碟子，弄成好豐盛一個套餐送上來，還附刀叉給我。

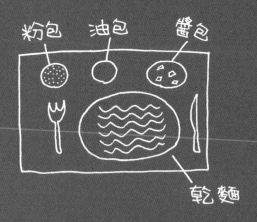

這⋯⋯這是哪門子的吃法？

這⋯⋯這是我最後的一包泡麵⋯⋯

很難過的把沒湯的牛肉乾拌麵吃完就上樓，一個人坐在連不上線的
電腦前面突然覺得好孤獨，好想和你說說話。我真的，想聽聽你的
聲音，一下下也好。

拿出小朱借我的手機，把充電線插進地上的插座。這支手機因為太
老舊，不插電只能用五分鐘，但是那條充電線一捆被綁得很紮實，
我打不開。

我整個人趴在地上，讓耳朵貼緊插座旁的手機，撥了熟悉的號碼。

「喂⋯⋯」電話通了，一個熟悉的聲音傳來，黑暗的房間裡我好像
終於抓住了點什麼。

我一直講，一個人一邊哭一邊一直講：

「我一個人玩了好多地方喔，很多我們去過的地方。」

「我拍的照片你有沒有看到？」

「我好想你……」

「可不可以告訴我我做得很好……告訴我我很好……」

趴在地板上，我已經聽不清楚自己在講什麼了。

我知道，我們都要好好過，我們都要向前走，可是今天晚上，
可不可以讓我軟弱一下，就今天晚上。

謝謝，蔚藍海岸

一早，暖呼呼的陽光灑在我臉上。睜開眼，看到窗外澄澈的藍天。伸了個大懶腰，深吸一口南法乾燥舒爽的空氣。

謝謝你，昨天聽我說說話，每天，都要更好一點。

真的想住海邊，去找找看吧，反正我最不缺的就是時間。不奢求海景房，但至少走路可以到海灘應該很不錯。

往最近的海邊城市邦多（Bandol）開，這次我稍稍開離海岸線，在城市裡的小巷弄找找，真的看到了幾個寫著Hotel的招牌。一間一間停車去問，靠海的旅館果然比較貴，雙人房一晚動輒上百歐，嘖嘖，完全住不起！

不死心的又繞了好久，終於被我問到一間有65歐雙人房的旅館，雖然離我的扣達50歐有點超過，但我真的想住海邊，就住個兩天吧！

這是一間看起來不新，但至少乾淨的旅館。在法國，乾淨的房間是基本的，這一點讓人很放心。我安頓好行李，迫不及待換上海灘褲，擦好防曬油，往海邊出發！

走著走著，很興奮的想著，等一下真的會看到海嗎？

可以從住的地方走路到海邊，這種事對一個拮据小孩來說，實在是太夢幻了～

一個轉彎，藍藍藍藍的海真的出現在我眼前，wow～～～～是好藍好藍的蔚藍海岸！！！

我無法壓抑內心的興奮，穿著夾腳拖狂奔向海灘，左腳絆右腳，差點跌個狗吃屎。
到了沙灘，把浴巾鋪好，戴著墨鏡隱藏一下太開心的眼睛，再四處太開心的張望。
蔚藍海岸真的不是叫假的，清澈的海水藍得好美！走進海水，好冰涼，今天不想下水，泡泡腳、曬曬太陽，享受美景就好。

走上岸坐在沙灘上，看了一下身邊，很多女生自在的脫掉比基尼，舒服的享受陽光。雖然已經知道歐洲就是這樣，但是，當眼前某個打赤膊的人轉過來，卻是女生，還是會嚇一跳。哈哈，要習慣、要習慣～

看大家都這麼自在，我也決定跟著入境隨俗一下，把運動內衣脫掉，趴在沙灘上烤個均勻。烤一會再翻個面，讓全身統統上色，只要記得把臉遮住就好。

傍晚帶著一身古銅，散步去找晚餐。海邊城市因為人多，生活機能很發達，超市、餐廳、市集什麼都有，不過我早已經練就目光自動略過誘人餐廳的能力。想到五月時我去義大利玩，天天上餐館吃好爽，但現在每天吃三明治配餅乾洋芋片，喝比水還便宜的超市牛奶，過著旅人生活，看到餐廳裡開心吃喝的人們，還會覺得他們是上流社會的人。哈哈，我喜歡我的能屈能伸！

今天找到了一間中國餐館有賣便宜炒飯，一份只要3.5歐，雖然沒有什麼料，已經超級滿足了。幫我裝炒飯的是一位年輕男生，他拿著小盤子，挖一大匙炒飯裝滿盤子，平常的中國餐廳一份炒飯就是這樣，但是這位先生挖了一匙炒飯到盤子之後，又小心翼翼再慢慢加，又慢慢加，把我的炒飯堆得好高。看著他小心翼翼的動作和那盤愈來愈高的炒飯，真的有一種想跳進櫃台擁抱他的衝動……我想，他一定是紅十字會派來的！

吃飽喝足，吹著涼涼海風散步回旅館。謝謝蔚藍海岸，謝謝紅十字會先生。

每天，都會更好的：）

法國阿伯的菸酒聚會

這兩天我就在海邊用悠閒的度假腳步，過著悠閒的度假生活。這次旅程應該是我這輩子獨處最久的一次了吧，一個人的旅行雖然寂寞了點，但是想做什麼就做什麼的隨性，就跟當董事長一樣happy。

過動的時候一天衝五個景點都好嗨，但如果今天不想出去玩，就算天氣再好都要在房間裡攤著放空。每天黃昏到海邊報到，曬著剛剛好的夕陽，吹著剛剛好的海風，什麼時候幸福變得這麼容易，我想要就有！

來法國後好像沒做過夢，總是一覺到天亮超好睡，每天該昏倒時自動昏倒，早上七、八點自然醒，再搭配一點南法的陽光。照鏡子一看，這麼容光煥發的是誰啊？
真希望我下半輩子就長這樣！

晚上為了無線網路，我加入了一群法國阿伯的菸酒撲克牌聚會。因為收訊最好的地方就在他們的牌桌旁邊。
他們自在的打牌，抽著菸喝著威士忌講著我聽不懂的話，那畫面好像在看教父。我坐在牌桌旁的單人沙發上蹺著腳用電腦，感覺自己也成為他們的一份子。這時突然一個阿伯抬起頭來問了我一句：
　"Hey, boy, how are you?"
　"Fine, I am a girl~" 我回答他。
　"Oh, yes~" 說完他就沒有再講話了。

過了一會兒，我竟然聽到蔡琴唱歌的聲音，不敢相信我的耳朵，這應該是幻聽吧？眼睛往聲音的方向找去，是另一個阿伯在看電視，他在看電影《無間道》，法文版的，這實在是太酷了。聽說法國人不愛看字幕，所以外文影片在法國都會配音，但是我沒想過有一天會看到法文版的《無間道》。不過我覺得梁朝偉講法文怪怪的，還好蔡琴沒有被配音……

我喜歡這個有趣的法國無間道教父菸酒聚會。

南法冒險剩下最後兩天，到目前為止沒出什麼大包，明後天要出發去尼斯（Nice），然後還車回巴黎。加油！希望可以有個happy ending！

● 愈走愈喜歡自己。

● 旅人好朋友，超好喝不用冰的牛奶、洋芋片、ipod。

● 一早都沒人。

● 一個人去海邊開心的跑跳用腳架自拍，路過的人還會過來幫我看一下相機螢幕說："Nice~"

● 黃昏沙灘上都沒人了，踩著涼涼的沙，曬夕陽、吹海風。

Yes, I did it！

早上朦朧的睜開眼，看到房間的鏡子後面竟然透出光線，整個人都醒了！

這⋯⋯這間房間裡有密室嗎？仔細一看，這面鏡子真的有門把耶。
我的天，輕輕轉動門把，出現在眼前的，是一間香噴噴有洗手台、鏡子和吹風機的廁所。這⋯⋯原來我房間有廁所！
難怪，我明明就記得老闆跟我說他們的房間有附廁所啊，弄得這麼隱密，害我這幾天半夜尿急還要著裝跑去一樓上！要退房時才發現這個祕密，不知道是好事還是壞事，至少走之前上了一下，沒有浪費它。

今天往尼斯前進，小朱幫我訂了一間車站旁的旅館，讓我可以還車之後直接住進去，明天一早再直接拖著行李到車站搭車回巴黎。
好貼心喔～希望我可以順利找到它！

一路開往尼斯，沿途的海岸風景讓人心情很好。這趟旅程自己開車，覺得法國人開車還滿穩的，之前去義大利，速限九十的地方我開到一百一十，還是一直咻咻咻的被超車，不知道是怎麼回事。
下了高速公路後找到一間加油站把油加滿，在法國租車，還車前要把油加到滿格，不然會被罰錢喔！

開進熱鬧的尼斯，很順利的找到了還車的地方，工作人員前前後後裡裡外外的檢查小雷，然後笑著跟我比了一個OK。哈哈，順利下莊！沒有把車刮花弄壞。

謝謝帥小雷陪了我兩個多禮拜。I'll miss you！

推著我的行李箱，幾乎一轉頭就看到我記事本上寫的那間旅館招牌。喔，小朱我好愛你喔～這旅館位置也太棒了吧！完全就在車站隔壁！

這間旅館走一種年輕的彩色風，Check in的時候，櫃台還趴著一隻頭上染成粉紅色的約克夏。真的有來到觀光大城市的感覺了。

背上背包出去逛逛。我們五年前也來過尼斯，我很喜歡這個充滿活力的海邊大城，很好逛，海邊也很漂亮。今天雲有點多，藍天只探出頭一下下，沒有陽光海岸的fu，不過綿長的海岸線和淺藍色的海水還是讓人難忘，我記得我就是從這裡開始認識蔚藍海岸的。

傍晚走到一個烤雞攤，要收攤了全部半價，好開心的買了一隻6歐的烤雞，慶祝我安全下莊。烤雞皮香肉嫩，我扯下兩隻大雞腿吃得滿臉都是。剩下的雞胸肉剁一剁，裝進喝完的可樂杯子裡，明天可以帶上火車當點心。

晚上的尼斯更熱鬧，露天海鮮餐廳坐滿了人，誘人的大龍蝦、大螃蟹、大生蠔豪華的趴在盤子上，還好我吃飽了，拍拍照就好……

晚上走回旅館時，一對濃得化不開的情侶牽手在小路與我狹路相逢，他們十指緊扣從我頭上經過，四目還緊緊相接。這……祝你們幸福～

回到旅館po上一張豪華海鮮盤的照片，向大家報告我成功到達尼斯，成功還了車，沒有把車刮花，沒有弄丟東西，也沒有把自己弄丟，明天即將圓滿結束這趟「什麼都沒準備的一個人南法旅行」。

大家都留言跟我說恭喜。爸爸媽媽也留言說：「比我們想像得還厲害喔～」

哈哈，我也覺得怎麼這麼強，不試試看都不會知道自己有多厲害！

2010年九月二十一日早上七點，我坐上回巴黎的TGV。

Bye-bye普羅旺斯，bye-bye蔚藍海岸，謝謝你們給我的力量，我又有好多力氣可以加油了：）

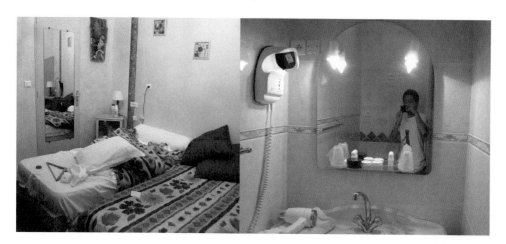

● 很像普通鏡子的廁所門，裡面別有洞天。

● 染粉紅色頭髮的約克夏

● 尼斯市景，很多商店很好逛，但是這次沒錢買。

● 綿長的石礫灘

● 五年前我就是從這裡開始認識蔚藍海岸的。

● 露天餐廳坐滿人,有夜市的fu。

● 最後po上一張豪華海鮮盤作為完美的ending。

Partie 3

LONG STAY，
巴黎我來了！

讓人噴淚的法國料理

回到巴黎了。隔天，和一位老朋友有約會，她是我們台大女籃的元老級經理，徐費。以前每一場台大女籃大專盃的錄影帶裡，都會有她盡責的奮力歡呼聲和失控尖叫聲。這次她在歐洲自助旅行，剛好經過法國，這麼難得的老友異鄉相遇機會，我們就約了出去～她說要帶我去一家超棒的餐廳！

這家小店在凡登廣場（Place Vendôme）附近小巷裡，裝潢簡單但有點現代感，菜單是法文的，不過服務生小姐會用一點英文幫我們介紹。我們點了35歐的午間套餐，前菜、主菜和甜點都有豐富的選擇。

因為吃完飯徐費就要趕火車去西班牙，我們跟服務生小姐說，因為等一下要趕火車，可不可以所有的菜一起上？

她睜大眼睛以為自己聽錯了，確定沒聽錯之後，她說要去問問主廚。我想，這對最講究好好享用食物的法國人來說，應該是一件頭殼壞掉的事情。

不久，前菜來了，我點的是鮮蝦義大利餃。一送上來就聞到好香的奶油味。我迫不及待的切下一半，沾滿醬汁放進口中。我的天啊，這……這……這也太好吃了吧！！！

濃郁的奶油醬汁有著蝦頭熬煮後的濃厚香味，薄薄Q滑的義大利餃皮把蝦肉的鮮甜完全包覆住，和醬汁一起在口中呈現完美的結合。鮮甜、濃郁、鮮甜、濃郁，那一層層綻開的滋味，好像有人在我腦袋拉了一個七彩大拉炮。

對一個已經吃了兩個禮拜餅乾洋芋片的拮据人來說，這實在是太難以言喻的美妙了！我完全無法控制我的面部肌肉，請徐費拿相機幫我拍下這感人的一刻～

前菜快吃完主菜就到了。看來主廚人很好，願意體諒我們對他們餐廳的熱愛⋯⋯
我的主菜是一隻我這輩子看過最有肉的鴨腿，叉好它慢慢切下，有一種怎麼切都不會到底的感覺。等我終於切到底，它露出了驚人的粉紅色斷面。

這⋯⋯這⋯⋯這真的是一隻鴨腿嗎？切下一塊放進口中，OMG，我要哭了⋯⋯怎麼會這麼這麼這麼好吃？！！！！
我又再度無法控制我的面部肌肉，這次徐費自動拿起相機幫我拍了一張發自內心的掩面噴淚照。

雖然我真的很久沒吃好料了，但是我可以確定，這真的是一隻非常上乘的鴨腿！
鮮嫩卻有嚼勁的肉質，邊咬邊湧出鴨肉的甜美，配上肉汁燉煮的醬汁和一點芝麻葉，以及煎得香脆鬆軟的馬鈴薯片，好吃到讓我有一種想要包回去分給親朋好友的衝動！

好喜歡法國料理的層次感，運用醬汁、配菜，讓不同的食材在嘴巴裡，不停組合成不同美味的奇幻幸福感。
真的好想跟廚師握手喔，如果他願意的話。

主餐快吃完時，就看到我的甜點野莓烤布丁送上來了。哇塞，第一次看到一個烤布丁和水杯一樣大！滑順的烤布丁有著迷人的香草和濃濃的牛奶雞蛋香，搭著甜脆的焦糖；上層的酸甜野莓冰沙，融化在口中，一陣莓果的香氣，像在下過雨的森林裡呼吸那樣的清新，讓濃郁的烤布丁達到完美的平衡，就算肚子快爆炸了還是一匙一匙的送進嘴裡，停不下來。

無可挑剔的每一道菜，今天真的可以算是圓滿了！

滿足的吃完甜點後，我帶著一肚子的美食陪徐費跑到地鐵站。謝謝老友介紹的超棒餐廳，這又趕又感動的一餐，我想我一輩子都不會忘記。

L'Ardoise，我會一直來巴黎找你的～～

L'Ardoise
28, Rue du Mont Thabor, 75001 Paris (Place Vendôme)
Tel：+ 33 1 42 96 28 18

● 很喘的兩個人，看著黑板上的35歐午間套餐菜單等開門。

● 超棒的餐廳L'Ardoise，誠摯推薦給大家！

● 我的前菜：奶油鮮蝦義大利餃

● 驚人的鴨腿

● 和水杯一樣大的烤布丁

● 太好吃了！！！

我也開始崇拜你了

距離可以搬進鍾姐公寓的十月還有幾天，語言學校也還要等幾天才開學。這段時間，我就借住在小朱和嘟嘟嵐的舒服小客廳，小朱也很義氣的偶爾請假陪我到處走走。

本來覺得小朱是個崇拜我的可愛小學妹，但是在巴黎跟她相處了幾天，就覺得我也開始崇拜她了。

她的法文超級好，每次看她和法國人講一大串好標準、好好聽的軟軟的法文，都覺得她在發光～看她平常溫溫的樣子，但是遇到態度很機車的法國服務生，馬上可以用流利的法文正氣凜然的吵架，實在太帥了！

雖然我愛法國的許多美好，但是法國人浪漫到完全沒有效率的部分真的會讓人抓狂（雖然有時我會覺得自己好像也差不多沒效率，因而產生一種被接納的安心感）。這時候小朱那台灣人的務實個性，加上台大經濟系差一點得書卷獎的清晰腦袋和辦事能力，就完全脫穎而出。

她在巴黎的軟體公司工作，是一個很受歡迎的超能幹小朋友，每天可以微笑的聽著同事大哥大姐們用法文大開放的討論昨夜風流或情趣用品之類的事，然後照樣把事情辦得妥妥當當，深受老闆和同事喜愛，真的是台灣之光！

然後在我被巴黎銀行的行員只辦一張提款卡就給我搞了一個下午很想殺人的時候,她可以幫我輕鬆解決問題。

這讓我更確定我真的只適合把巴黎當成一個美夢,偶爾來看看它就好。要像小朱這樣有過人的法文能力、絕頂聰明和無比耐心,才有本事當個巴黎居民啊!

嘟嘟嵐也好好玩,她從小生長在北京,是清大畢業的高材生,在內地競爭的環境下培養出非常理性和積極的人生觀。但是遇到我和小朱兩個樂觀的台灣人後,讓她對人生有了很多新的看法。她常常很有計畫很有抱負的跟我們聊著她對未來的願景,討論各種政治經濟民生問題,然後我和小朱就一個放空、一個笑著要她放輕鬆。

「島國子民歡樂多啊!」她的結論總是這樣。

有時我和小朱想法飛太遠,嘟嘟嵐也會一針見血的直接打槍我們。這樣的兩岸交流應該對彼此都有長足的幫助。

當我陷入鑽牛角尖的小低潮時,她說:「至少你們陪過彼此一段啊!」就這樣一句簡單的話,讓我回神了過來。

因為嘟嘟嵐的聰明善良,我開始喜歡字正腔圓的可愛京片子。

愜意的到處吃吃喝喝聊聊，還有專業攝影師朱朱拿著專業大相機幫我拍巴黎寫真集。

每天晚餐大家輪流做飯，一起看著《康熙來了》，邊吃邊笑邊想念台灣。

中秋節過了，我還沒有回去烤肉喔！哈哈～
謝謝你們，在我需要一個新的開始的時候，陪在我身邊：）

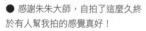 ● 感謝朱朱大師，自拍了這麼久終於有人幫我拍的感覺真好！　● 塞納河邊散步，遇到可愛法國伯伯和他的獵狐犬。

● 感謝朱朱蹲在地上幫我拍飛踢照，旁邊的法國人都看得一頭霧水。

● 抓鴨？

● 小朱我愛你！

● 謝謝你們，在我需要一個新的開始的時候陪在我身邊。

最正確的決定？

開學第一天，我就起了個晚。急急忙忙穿好衣服、裝好課本出門，急急忙忙跟著急急忙忙的人們趕上火車。

坐下來靠著窗，戴上耳機，這就是在巴黎趕火車的風景吧，我第一天就遇到了～

到了聖拉薩換地鐵，跟著身邊的人群走進巴黎的匆忙。十二號線一路到雷恩（Rennes）站，我的語言學校巴黎天主教學院（Institut Catholique de Paris）在人文薈萃的左岸第六區。

緩緩轉開教室的門把，我把頭探進去，發現教室ㄇ型的座位已經坐滿了十幾位同學。大家盯著我看，我紅著臉跟大家說聲："Bonjour~"就找個空位坐下來。

坐在我旁邊的是一個可愛的日本女生，和一個白淨的韓國女生。她們對我笑了一下，看起來滿友善的。

我拿出課本，抬頭看到老師，是一位大概五、六十歲的褐色鬈髮女士。她穿著及膝窄裙，戴了一副老花眼鏡。認真的聽了她講課一陣子，我發現真的聽不懂她在講什麼。

雖然我只在台灣上過一個禮拜的法文課，第一次去上課時也是大部分都聽不懂，不過經由老師的帶領，還是可以慢慢抓住一些字句的意思。可是眼前這位女士，她的教學風格真的讓我不是很喜歡。她總是自顧自的講話，又自顧自的笑。

從身邊的同學都沒有笑的情況看來，大家的確都聽不懂。日本同學和韓國同學坐得挺挺的，臉上完全沒有反應；旁邊兩個金髮同學一臉狐疑的搜尋著和他們一樣狐疑的眼光。

我的感覺從狐疑，到漸漸有點不耐煩了。不管是什麼樣的語言、什麼樣的教學，一個老師最基本的，就是要觀察學生的反應、顧慮學生的感受，這是我可以確定的。

距離下課還有四十分鐘，我已經決定下課就要去向學務處反應，申請轉班。這是我花了好多心力才申請到的語言學校，我要把我的法文學好。

學務處小姐再三跟我確定我堅持要轉班後，拿出一張紙條，寫了一個老師的名字給我：William Sanchez。

「這是另一個初級班，還有一個名額，你明天去試試吧……」
拿著這張紙條，我還不知道之後會有多麼感謝自己現在這個決定，感謝自己身為一個學生和一個老師的直覺。

● 一出雷恩地鐵站，就看到左邊高聳直立的蒙帕納斯大樓（La Tour Montparnasse），這是巴黎唯一的辦公摩天大樓。　● 語言學校的校園

● 我們的教室

左岸咖啡鴿子飛

下午和一個沒見過面的朋友米珍有約。她是我好朋友的朋友，我們剛好在FB上知道彼此都在法國旅行，就約了要一起去有名的「花神」喝杯左岸咖啡（「雙叟」和「花神」是巴黎左岸兩家有名的咖啡廳）。

因為怕名店的東西很貴我會吃不飽，我先在學校對面的PAUL買了一個4.5歐的三明治吃。法國的三明治真是隨便買都好吃（雖然價錢換算成台幣也不是這麼隨便），麵包、火腿、臘腸、起司、生菜和醬料的品質都好，大口咬下嚼嚼嚼，真是一種享受～

搭地鐵兩站就到了聖日耳曼德佩站（Saint-Germain-des-Prés），其實走路來也不會太遠。聖日耳曼德佩教堂是巴黎最古老的教堂之一，也是左岸的地標。面對教堂的左手邊就是雙叟和花神咖啡。

我在有門和窗戶圍起來的「室內露天區」找到了一個兩人坐的位子。小小的圓桌讓我和隔壁的先生看起來感情很好。
在法國大家不太介意彼此坐很近，近到附近的人講什麼都會聽得很清楚。常常在餐廳或咖啡廳和朋友聊天時，都會有點害羞的想：我真的要把心事說給這麼多人聽嗎？還好我說的是中文。

平常不喝咖啡的我，點了一杯咖啡歐蕾，想說都到花神了，一定要來杯左岸咖啡。喝了幾口之後，確定我真的喝不懂咖啡，只知道欣賞在歐洲每次推開房門空氣中溫暖的咖啡香，以後還是聞香就好。

米珍點了一壺熱巧克力，好好喝喔！濃郁的熱巧克力帶著榛果的香氣，順口得剛剛好，不會像一些法國名店如Ladurée的熱巧克力，喝起來像在吃巧克力一樣，濃得讓我有點難以承受。

我看著隔壁先生一刀切下他的庫克女士烤吐司（Croque Madame）時，蛋黃流了下來，就忘記自己剛剛已經吃完一個三明治，馬上也點了一份。

庫克女士可以說是法國的國民點心，單純的烤吐司夾著火腿和起司，加上一個半熟荷包蛋熱呼呼的吃，是一種簡單直接的滿足。

這裡的服務生都很挺拔，俐落又自信的服務著大家，很神氣的感覺。就在我陶醉的聞著咖啡香、吃著庫克女士的時候，突然一隻鴿子從門口飛進來。
服務生A從容的用手中托盤把鴿子準確的拍向左邊，服務生B右手抓起鴿子、左手打開門把鴿子放了出去。全場安靜了三秒之後爆起如雷的掌聲，這……這根本是特技表演吧！

服務生Ａ Ｂ輕輕揮手向大家答謝。我有點懷疑這是不是每日的特別演出？
花神咖啡果然名不虛傳啊！

這時手機傳來簡訊的聲音，打開看是爸爸媽媽傳給我的。

「已經到小朱家了喔，幫你把五公斤的暖暖包還有很多食物都帶來了，　我們要去南法玩了，bye-bye～」

我馬上回傳：

「我在外面喝咖啡，你們等我一下，一起吃個晚餐再走？」

「不用了啦，反正一個月後會見面，我們趕著要去玩，一切小心喔，bye-bye～」

這……好寬心的爸媽喔，是有這麼不想小孩……哈哈！

回到小朱家，我看到一整個行李箱滿滿讓我噴淚的暖暖包和食物。

喔，我好愛你們喔！！！

花神咖啡館 Café de Flore
172 Boulevard St. Germain, 75006 Paris
Tel: +33 1 45 48 55 26
http://www.cafedeflore.fr

雙叟咖啡館 Les Deux Magots
6 Place Saint-Germain des Prés, 75006 Paris
Tel：+33 1 45 48 55 25
http://www.lesdeuxmagots.fr

● 雙叟咖啡

● 花神咖啡，和雙叟咖啡只隔了一條小巷。

● 我&米珍

● 法國的國民鹹點「庫克女士」，這畫面太誘人了。

● 身懷絕技的服務生A和B

● 滿滿一行李箱的補給品，爸媽的愛心。

新班級我喜歡

新老師William是一個西裝筆挺、很有活力的法國伯伯，才上課五分鐘，我就很喜歡他。他有很多生動可愛的表情和表演，讓我可以聽懂他在講什麼，有時還會用英文跟我們詳細解說比較難的法文單字。教室的氣氛很好，大家在老師的帶領下熱絡的練習對話，這才是我想像中的法文課啊！

"Bonjour, je m'appèlle Dee~ Enchantèe !"（日安，我的名字叫作Dee，很高興認識你們！）
大家好像覺得很有趣的看著我。Dee是我的英文名字，因為以前大學時我的綽號是底迪，就取了這個名字，覺得滿好唸也滿好記的。
這堂課我們要學的是："Quelle est votre nationalité ?"（你是哪一國人？）

老師要大家輪流發問，找一個你想問的同學問他，被問到的人就要回答。結果問了一輪之後，我發現我們這班好酷，總共才十八個人，竟然就有十幾種國籍，台灣、中國、日本、韓國、泰國、印度、伊朗、南非（和幾個非洲國家）、瑞士、巴西、委內瑞拉、美國……，突然覺得我們好像在開一個小型聯合國會議。

坐在我右邊的是一個台灣來的大男孩叫作Joe。他人很好，借我翻譯機一起用。

是的，來法國學法文，我連翻譯機都忘了買，還好我在台灣學過一個禮拜的法文，可以教他一點點，讓我不會太不好意思。

坐在我左邊的是一個非洲大叔，他叫我聲"Dee！"就拳頭碰拳頭和我打招呼，很有好兄弟的感覺。他說他有七個老婆，十三個小孩。我以為他在騙我，一直跟他說別開玩笑了，但是看到他一雙眼睛非常誠懇。

他說他來巴黎經商、學法文，他在巴黎的郊區買了一棟房子，太太和孩子都住在那邊。這時我才驚覺，wow，他說的是真的！

他還說我可以去他家參觀，如果他的老婆們答應，我也可以當他的第八個老婆。

這……我是真的蠻想去他家參觀的啦，也很想知道他的老婆們看到我會不會說ok。

下課的時候，一群女生在我旁邊聊天，我也加入她們。她們是巴西、委內瑞拉、瑞士和美國女孩。一聊之下才發現，她們都十九、二十歲出頭，嘖嘖，每一個都小我快十歲啊。她們不相信我已經二十九歲了，一直要我拿護照給她們看。我才不要！我是為什麼要證明我真的很老這種事？

這時，一個矮矮壯壯的伊朗男生突然走到教室中間，說了一聲：
"Hey, ladies~" 然後就像成龍一樣在教室中間後翻了兩圈。
Ladies都看傻了眼，沒有幫他拍手。

Wow，這真是一個有著多元文化的國際化班級！
一切都很令人期待啊，我要跟非洲大叔約去他家參觀一下！

● 可愛生動的William老師，上課的氣氛很棒。

● 我們班像一個小型聯合國，同學的國籍由左至右為美國、中國、瑞士、南非、伊朗、南非。

軟軟優雅的，唱給你聽

每週一到五的早上九點到十二點是上綜合課。綜合課會學習閱讀、聽力、發音、會話等。下午兩天有選修課，我選了發音課和會話課。我很希望自己有標準的法文發音，像是每次看法國電影裡面那樣軟軟優雅的發音，然後可以講一串軟軟優雅的句子。

走進教室一看，wow，我的發音課老師也是William耶，怎麼會這麼有緣？

William發下他自己用心整理的音標講義，帶著我們跟他唸。我最喜歡學音標了，只要學會音標、懂得拼音的原理，就算不懂每一個單字的意思，也都唸得出來，自己拿著一段文章就可以開始練習。

法文的 "U" 發音很像台灣的 "ㄩ"，所以我唸起來很順，也覺得很有法國味，坐在我旁邊的委內瑞拉同學怎麼都發不出這個音，好像有點崇拜的看著我，我很認真的用嘴型教他。我也可以教人法文耶，哈哈！

可以唸出一段句子的感覺好棒喔。每次在路上看到法國小朋友隨便講出一串流利的法文，都會覺得怎麼他們小小年紀法文就這麼好？（廢話）

講得真好...

William要大家戴上耳機跟著錄音帶唸，然後他會控制耳機，讓每一位同學分別唸給他聽。他沒有糾正我太多發音，他說我的發音很好。我的發音應該算是有天分的，記得小時候去學英文，老師第一堂課就說我發音很好，雖然她以為我是男生，所以拿了一張男生的英文名字給我選，讓我當Alan當了好多年。

下課前，William放了一首法文歌給我們聽，要我們練習跟著唱。聽到耳機傳來的旋律，有種時空錯亂的感覺。

這首歌叫Rose，是我和你三年前來法國時買的一張CD裡的第一首歌。那時我們一起去唱片行一張張試聽，選了最喜歡的一張帶回去，因為我們希望有一首主題曲，可以一聽到就想起這些在巴黎美麗的回憶。每天回到民宿，我們都會聽著這首歌，一起看看今天拍的照片。

"un, deux, trois quatre cinq..." 在機場往巴黎的接駁巴士上，你教我一二三四五怎麼說。你講英文好好聽，你講法文也好好聽。

不知道聽了多少次，今天終於可以自己唱出來。

這是我人生中第一首自己唱出來的法文歌，用我學會的軟軟優雅的法文，我想唱給你聽。

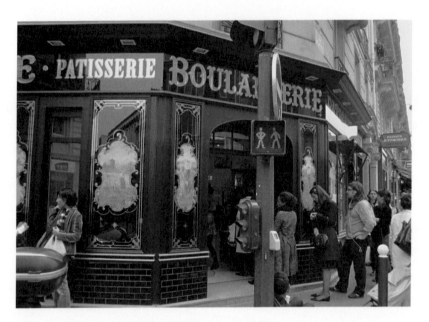

● 學校轉角的麵包店，後來變成我每天的最愛。

● 好多種三明治都好好吃。

布洛尼，我回來了

十月一日，今天是我的二十九歲生日，也是我要搬進鍾姐小公寓的日子。

早上小朱和嘟嘟嵐先帶我去中國城採買了白米、醬油、醬菜、豆漿、冷凍水餃和好多我以後會需要的日常愛吃品。

在法國住了快一個月，才發現我有多麼愛這些亞洲食物，一進中國超市根本心花怒放，什麼都想拿。走出超市，去旁邊有名的陳氏美食買了兩大包滷鴨翅，一包要給鍾姐當見面禮，一包還沒上車就開始開心的啃了。

鍾姐的公寓在布洛尼（Boulogne Billancourt），其實不在巴黎市區內，但是從十號線的布洛尼-讓-饒勒斯地鐵站（Boulogne Jean Jaurés）走路過去大概只要五分鐘，平常上學轉一次車，三十五分鐘左右就可以到學校。

往地鐵站的路上有兩家超市、各種雜貨店、熟食店，生活機能很好，可以用月租500歐的價錢租到這樣方便，環境又好的小公寓，真的很幸運。

推開公寓一樓的大門，就看到滿牆的爬藤，是我好想念的石板爬藤小庭院。

記得三年前，我們一起上網找到這間可愛的民宿時，對著這個庭院的照片大叫了好久，這是我們夢想中的法式小公寓。

十月，已經可以看到一點點紅葉了，那時每天出門都會看看又有幾片葉子顏色變得不一樣，那時也是從這個角落開始變紅的，我們開心的拍下了很多照片。

拖著行李和食物、爬著狹小的旋轉樓梯上到三樓，巴黎很多古老的公寓都沒有電梯，扛行李要靠自己。

一打開三樓的小木門，鍾姐給我一個大擁抱。自從上次回去後，三不五時就會在很想巴黎時，用MSN問問鍾姐巴黎的天氣，跟她說我們有一天真的要去巴黎住一陣子，只是不知道會是哪天。

三樓就是頂樓，粉紅色的牆壁，斜斜的屋頂是個很有味道的小閣樓，鍾姐跟我們說，這是棟三百年以上的老房子，每一根橫樑都是堅固的老木頭，每一根釘子都是手工製作，一磚一瓦都是老師傅用最可靠的傳統工法打造。

我的房間小小的，有一個沒有門的淋浴間，外面的廁所有一個浴缸在天窗下面，泡澡時可以看星星。廚房和客廳跟鍾姐共用，客廳外就是布洛尼教堂，每天早上可以被教堂鐘聲叫醒的感覺很幸福。

又是秋天。布洛尼，我回來了。：）

● 我喜歡窗外的這片街景。

● 懷念的石板爬藤庭院

● 客廳窗外就是布洛尼教堂。

● 鍾姐的粉紅小閣樓，也是我們共用的起居室。

● 可以看星星泡澡的小浴缸，冬天超愛它。

祝我生日快樂

一個禮拜前小朱和嘟嘟嵐就說要訂一家餐廳幫我過生日。我們一起在米其林網站上挑了一家充滿塗鴉的可愛餐廳。我一直很喜歡塗鴉，各種風格的塗鴉。

走進餐廳，就看到整面牆上鮮明的塗鴉和高級餐廳裝潢形成有趣的對比。今天是禮拜五晚上，訂了七點，整間餐廳只有我們這一桌，讓我們可以開心的在餐廳前前後後盡情拍照。法國的餐廳在週末大約要到晚上十點才開始熱絡。

這間餐廳的每一面牆都各有特色，服務生跟我們說這是餐廳老闆不惜血本，請了巴黎許多非常有名的塗鴉藝術家來畫的。因為塗鴉是很能代表巴黎的一種藝術，我很喜歡這種街頭生命力，很酷的出現在餐廳裡面。

我們各自點了晚間套餐，每一道菜送上來也都很有特色。豐富的色彩，隨性灑落的配料，醬料用筆刷的方式抹在盤子上，連味道都很跳tone。

因為每一道菜上來我們都想認真拍，拿了小朱的大單眼在浪漫的燈光下又很難對焦，拍了半天沒一張滿意。一旁的服務生一直催我們趕快吃，對法國人來說，亞洲人總是可以抗拒美食的誘惑先努力拍照這件事，讓他們很難理解。

最後他們看不下去了，乾脆把我們的相機拿過去說：「趕快吃，我幫你們拍！」

哈哈，感謝大叔們的好意，他們真的很難忍受有人這樣虛耗他們的美食。

吃完甜點，小朱和嘟嘟嵐拿出兩個包裝紙包著的禮物要我打開。

開心的拆開第一個，是兩本〈小淘氣尼古拉〉（*Le Petit Nicolas*）。
這是法國小朋友的國民圖書。

「小小尼古拉是個可愛又特別的小孩，是跟你一樣可愛又特別的小
孩。」嘟嘟嵐說。她說希望我可以看著這兩本可愛的法國童書學會
很多法文單字，離開巴黎前要唸給她們聽。
我一定會好好認真學，不會讓你們失望的！

打開第二個禮物，喔～～～我要哭了！！！是我來法國學法文很蠢
忘記買的中法翻譯機。小朱用不肯告訴我的祕密方法幫我買到了。
我好愛你們喔！明天我也有一台自己的翻譯機可以去上課了！

小朱拿起桌上的蠟燭要我許個願，我閉上眼睛認真想。
最喜歡許願了，可以問問自己要什麼，我確定我知道自己要什麼。

有你們好好，我不會忘記這個二十九歲。祝我生日快樂！：)

● 每一面牆都有不同風格。

● 烤得帶有台式豬肉乾風味的牛肋條，還有很帥刷上去的黃芥末，不是那麼容易吃得懂，但是味道的確很有層次。

● 塗滿可可醬、加上可可米、還撒滿可可粉的超可可甜點

● 這道甜點很令人驚豔，厚實的杏桃糖漿煮得口感ＱＱ，剛剛好，香草冰淇淋撒上一點點咖哩粉提味，加上甜甜的蜂蜜，真的難以理解的好吃！

● 太感動了……

● 〈小淘氣尼古拉〉是法國很有名的童書。

● 祝我生日快樂！

愛，好多好多

明天爸爸媽媽就要來巴黎了，

結束了他們三個多禮拜的法國自助行。

雖然他們常常自助趴趴走，但是多半在台灣或亞洲國家。

來到法國，只靠爸爸的英文和從沒用過的GPS，

還是讓我有點擔心。

每次我打電話問：「你們玩得還好嗎？」

總是得到很有活力的回答：

「很好啊！好棒喔！到處都好漂亮！」

「我們今天晚上吃的紅酒燉牛肉超好吃！是我做的！」

「告訴你喔，今天我超厲害的解決了一個問題。

哈哈！太佩服我自己了！回去再告訴你我有多厲害！」

媽媽本來完全不會電腦不會上網，

和爸爸帶了一台筆電自助旅行，

上網訂旅館查資訊全部搞定！

他們就這樣一路開開心心，

讓我愈來愈放心，

終於要完成了這三個多禮拜的旅程。

我想我終於了解他們擔心我的心情，
很顯然我比他們倆還令人擔心這麼多。
然後我跟他們說：「恭喜耶！好厲害喔！」
就像他們對我說的一樣。

記得小學一年級，爸爸媽媽就讓我們自己上學。
兩個小小的小朋友牽著小小的手
（因為我總是恍神走太慢或被路邊的東西吸引，
妹妹要把我牽回正途），
走到公車站牌自己搭公車到學校，
下課再一起搭車回來。
雖然很多人跟媽媽說，怎麼會這麼放心，
但是我喜歡我從小就會自己上學。
我記得那時的公車票是一種一張有十格的硬紙票卡，
拿出來給司機剪一格就可以找個位子坐到學校。

記得從小我就喜歡跟男生玩，
騎馬打仗、打棒球、去祕密基地玩到全身髒兮兮。
學校的同事看到了就會跑去跟媽媽說，

媽媽則笑笑的說：「那有什麼？」
後來我還是一直開心的玩，
長大了才知道原來一堆老師整天告我的狀。

記得小時候我喜歡穿帥的衣服，
爸爸媽媽會幫我一起挑帥的衣服，跟我說：「這樣穿最帥！」
有人說：「你怎麼弄得跟小男生一樣？」
媽媽說：「拜託，這麼帥耶！」

記得幾年前，妹妹要一個人去西班牙自助旅行，
很多人都覺得很危險，但是他們相信細心的妹妹會很安全！
妹妹覺得倦怠不開心，要辭掉做了五年的穩定工作，
接下Garmin的世界趴趴走一年約。
他們想都不想就說：「當然支持你！開心最重要！」

當我決定來追我的夢，散盡我不多的家財，
他們跟我說：
「這是你的錢，我相信你會想清楚，如果這是你想要的！」

然後現在，我在過我的夢，妹妹在世界趴趴走，
爸爸媽媽結束了一趟厲害的自助旅行要來跟我會合再回台灣，
我們家很酷的散落在世界各地，卻覺得好幸福。

爸爸媽媽，謝謝你們。
如果我很勇敢，因為你們告訴我我很勇敢；
如果我過得自信有光彩，因為你們總是相信我；
如果我懂得對自己負責，因為你們給我機會對自己負責；
如果我覺得自己好幸運，因為你們說，
覺得自己幸運的人就會幸運。

因為你們給我的愛，好多好多……

爸爸媽媽來找我

爸爸媽媽來接我了。他們開著租來的小車在法國玩一圈後，就來巴黎接我一起出去玩。

一上車媽媽就問我吃午餐了沒，我說還沒，她拿出一個用餐巾紙包著夾滿生菜番茄和好多大蝦仁的爆炸餡料可頌。
「我們昨天在超市買了新鮮蝦子，我把蝦子都剝好包了一個蝦仁可頌給你吃。這樣有沒有孝順？哈哈！」
接過這個爆炸可頌，我小心的拿著趕快幫它拍了張照，然後大口咬下……喔！好久不見媽媽的滋味！

爸爸一路往北開。我們今天要去一個好像很棒的自然生態區， 是前幾天請鍾姐上網幫我們找到的，就在巴黎西北邊不遠的城市普瓦西（Poissy）。聽說那裡有很多鳥，還有野生動物在漂亮的森林裡。
爸爸媽媽最愛賞鳥了，平時全台灣跑透透、到處看，還常出國到世界各地賞鳥。我也想去找找法國森林裡的動物，感覺好酷。
到了森林一下車，清冷的空氣好舒服。整個幽靜的森林除了入口的收票亭，完全沒有人，但是走了幾步，怎麼覺得有人在看我，仔細一看，wow，是一隻長得和《哈利波特》裡面一樣的雪白貓頭鷹耶。牠看著我，好像等下會突然講出很有智慧話的話……這裡好多造型好酷的貓頭鷹，一隻一隻都像從電影裡走出來的一樣。

往裡面走，開始看到大片的原始森林。爸爸媽媽拿出望遠鏡一路找鳥，我跟著他們走走看看。

上一次和他們一起走在有著參天大樹的森林裡，已經忘記是什麼時候的事了。小時候每個假期，爸爸媽媽都會帶我們上山下海到處去玩，那些大山大海、大樹小草都是我最快樂的童年記憶。

走著走著，來到一片黃葉圍繞的池塘，像羽毛般的黃葉橘葉輕柔搖曳在風中，很有臥虎藏龍的fu，感覺可以遇見李慕白站在樹梢。

我把相機拿給媽媽請她幫我拍照。媽媽拍照很認真，有時候為了取景會整個人趴在地上，看她這樣趴在我前面，讓我pose有點擺不下去，很想走過去把她扶起來。

我跟她說：「媽，你不要趴成這樣啦，我覺得我看起來很不孝！」「你害我一直笑都拍糊掉了啦！」她一邊笑，一邊繼續高難度的趴著幫我拍了很多張夢幻的照片。

看遠ㄢ～笑！

又往裡面走了一會兒，我們在地上看到一顆一顆圓圓小小的便便。Wow，是排遺！是獵人找尋的野生動物排遺！！難道有動物在這附近嗎？

我們安靜下來左右張望，突然，看到遠方有一群咖啡色的色塊正緩緩的移動……是鹿耶，一群有著雄壯鹿角的鹿，時間好像靜止了下來。好美喔，好美好美的畫面，一群優雅的鹿漫步在森林裡，我喜歡牠們與世無爭的美麗，在這個與世無爭的午後。

● 腳架出動，少了妹妹的全家福。

● 哈利波特的貓頭鷹

● 愛賞鳥的爸爸媽媽

● 媽媽幫我拍的夢幻照

低頭踩著落葉，我在腳邊看到了幾個紅通通的蘑菇，好像藍色小精靈的家。

我想起那些無憂無慮的時光，那些跟在爸爸媽媽屁股後面只要開心就好的美好時光。

● 入境隨俗，依循地

● 幽靜的森林，帥爸爸幫我們拍的。

● 優雅的鹿群漫步在森林。

媽媽的紅酒燉鴨腿

媽媽說他們特別租了一間有廚房的旅館，這幾天都要煮好料給我吃。喔，還有什麼比聽到這種消息更令人開心的嗎？！

我們找到了一間家樂福，這間家樂福好大好大，是我人生中看過最大的超市，有起司、火腿、蔬菜、肉類、海鮮、甜點，每一區都讓人看得眼花繚亂。我們好像來到博物館一樣，不知道該從哪下手。

起司區的起司每個都比我的頭還大很多，各種顏色、各種質地，切面有很多大大小小可愛圓圓的洞，很像迪士尼卡通裡面老鼠愛偷吃的乳酪。提供的試吃品都切得超豪邁，吃兩塊就飽了。

走到了海鮮區，每一樣東西看起來都好青，大龍蝦、大螃蟹、大扇貝，連鮟鱇魚都整隻好像剛游上岸。法國因為人工貴，所以餐廳的消費高，但是超市的生鮮食材其實C/P值很高，如果自己煮，可以吃得豐盛又省錢。
媽媽想買一些新鮮的扇貝，但不知道該怎麼下手，要我去問問店員怎麼裝盛秤重。

我的法文要在爸爸媽媽面前露一手了耶。

"Excusez-moi, comment peser ça ?"（不好意思，請問要怎麼秤重？）我講出了一串連自己都有點佩服自己的句子，而且很法國腔，哈哈！看到店員明快的點頭拿起塑膠袋幫我們裝盛秤重，我知道我成功了！喔，這樣超有成就感的！

● 超大的家樂福

● 超豪邁起司試吃。

● 帥氣大廚媽媽

大包小包回到旅館，媽媽馬上拉起袖子大展身手。法國的爐子大部份是電熱爐，有時加熱力道不太穩定，但是媽媽還是運用她多年的烹飪功力，成功控制了火候。

看她一手拿鍋、一手翻面的俐落帥樣，忍不住拿出相機幫她拍了好多張。

今天的海陸大餐是「香煎肋眼牛排佐芥末子醬配新鮮野菇炒扇貝」，還有超鮮「淡菜比湯還多的淡菜湯」。配上便宜又好喝的紅酒，我整個吃到不會說話了。

爸爸媽媽笑著說：「你是餓幾餐了啊？」

我塞了滿嘴食物，給了他們一個大大滿足的笑容。

吃飽後，媽媽拿出幾隻好肥的鴨腿。法國的鴨腿很便宜，肉多又好吃，一隻不到3歐。她把鴨腿和洋蔥、蒜頭一起煎出香味之後加上紅酒，和蘋果、肥美大蔥一起燉煮，就是超好吃的紅酒燉鴨腿。

媽媽說要一隻一隻用密封袋裝起來，留給我之後吃。

我和爸爸一邊聞香，一邊研究怎麼把沙發攤開鋪成一張大床。

洗完澡後，三個人很快就進入夢鄉，今天的夢充滿了紅酒燉鴨腿的香味。

● 今日海陸大餐「香煎肋眼牛排佐芥末子醬配野菇炒扇貝」，超好吃！

● 鴨腿和洋蔥、蒜頭煎出香味，加入紅酒燉煮。

● 腳架自拍。謝謝爸爸媽媽，乾杯！

● 我最愛的聖母院，正面是方正的輪廓。

幸福的小孩

回到巴黎，今天我要帶著爸爸媽媽在巴黎走，走我最喜歡的路線。
我們在雙叟吃完午餐後，就從第六區出發，走左岸，走到我最愛的
聖母院（Cathédrale Notre Dame de Paris）。

我好喜歡聖母院的造型，正面方正，很大氣，但是歌德式建築那一
層一層的精細雕刻，讓人每次都忍不住仰著頭看到脖子痠。
往側面走，是很厲害的飛扶壁支撐工法，一整排拱形像肋骨的流線
支架，支撐起整座教堂圓頂的重量，讓彩繪玻璃可以恣意美麗的成
為教堂的窗。還有歌德式教堂的排水管，常常會設計成怪獸造型，
我很喜歡去不同教堂找不同的怪獸。
走到後面看看，和正面方正的輪廓完全不同。一根高聳的黑色尖塔
和旁邊白色沿著圓形屋頂旋轉的許多尖塔建築搭配起來好帥，那是
一種隨性、充滿張力的幾何圖案，不管來幾次，我都會來繞一圈看
看它。

走到塞納河這一側，可以看到聖母院完整的樣子，配上牆邊垂下的
藤蔓，是我好喜歡的一個景，我幫爸爸媽媽在我最喜歡的每個地方
拍了很多照片。

聖母院在西堤島（Ile de la Cité）上。西堤島和聖路易島（Ile Sanit-
Louis）是塞納河中的兩個島，是以前巴黎人放牧的地方，也是巴黎
起源的地方。我很喜歡有著聖母院的西堤島，也喜歡街道小小的聖
路易島。

聖路易島從以前就是很多貴族居住的地方，上面有很多厲害的建築、有名的冰淇淋店和麵包店，還有很多可愛的飾品店。大學時很喜歡艾德蒙・懷特（Edmund White）的小說，他是一位定居巴黎的美國作家，他家就在聖路易島上。每次看他描述他家的窗景、他在聖路易島過的春夏秋冬，我都好想巴黎。

跟著我走吧，不用地圖可以帶著爸爸媽媽遊巴黎的感覺好棒。

想到兩個月前，我還每天等著太陽下山，讓我可以坐在陽台欄杆上吹吹風、喘口氣，常常一轉頭就看到媽媽站在門邊看我。她說她好怕我會跳下去。
我跟她說：「媽，拜託，我很熱愛生命啦，而且從三樓跳下去只會骨折好嗎？」
爸爸為了我的學生簽證下不來，差點無法如期出國，要去跟代辦中心吵架。
我害你們擔心了吧？真的對不起。

晚上爸媽請客，請鍾姐、小朱和嘟嘟嵐一起吃飯，他們說要好好謝謝我的這些貴人。
「這應該是我請吧？」我說。
「你現在這麼拮据，就讓我們先請吧，回來賺錢再還我們。」爸爸媽媽說。
嗯，也是啦！謝謝你們耶！

媽媽跟鍾姐是女師院的學姊妹，一起聊了很多。她握著鍾姐的手，
跟她說謝謝她對我的照顧。

媽媽又燉了一大鍋牛肉，幫我用密封袋裝起來，和紅酒燉鴨腿們都
放在冷凍庫裡，就像每次他們要出國前會把家裡冰箱塞滿怕我們餓
著一樣。他們拍拍我說，一切小心喔，我給了他們兩個大擁抱。

爸爸媽媽，謝謝你們，三個月後，我一定會更棒的！

● 不用地圖可以帶著爸爸媽媽走巴黎，感覺好棒！

● 我的貴人們

● 聖母院位於塞納河中間的西堤島上。隔著塞納河看，是我最喜歡的一個景。

巴黎夜店初體驗

昨天朋友丟給我一個網站，介紹巴黎的夜店。我看到一間在巴黎歌劇院後面的bar很吸引人。雖然Opéra那區比較像觀光區，不像是有夜店的地方，但是網站介紹這是巴黎歷史悠久、非常具有代表性的一家bar，我決定去看看吧。

禮拜五晚上十點半，我洗好澡，抓了頭髮，在手腕和耳後抹上一點香水，就搭地鐵到Opéra站。

走進店裡時是十一點，看了一下這家bar，店面很寬敞，每張桌子都放了一盞蠟燭，非常有氣氛。但是，這麼有氣氛，竟然一個人都沒有……一個人都沒有的夜店，我還是第一次遇到。雖然Opéra這區真的比較像觀光區，但是一個人都沒有也太酷了吧。

好不容易搭了地鐵而且沒有迷路的到了這裡，我真的不想就這樣離開。也許是十一點的夜店對巴黎人來說還太早。嗯，應該是這樣！

我先點了一杯whisky。我想我可能需要烈一點的酒，才能讓我有勇氣一個人在這裡坐久一點。喝了幾大口，看著桌上的燭火愈來愈模糊。我喜歡自己總是這麼省酒，茫茫的最快樂了。

很多經過的人都探頭進來，看看這家好大卻只有一個人的bar。我覺得我好像一個觀光景點。但是酒精真的可以給人勇氣，我像一座雕像一樣一動也不動的維持一個拿著酒杯的姿勢。

Bartender不太會講英語，我的法文也還很菜，相對無言了一陣子
後，他終於說出了一句話：　"So quiet..."
　"Ya, so quiet..."　我回答他之後又更quiet了⋯⋯
　"Maybe... traffic..."　他比手劃腳的好像想要說，也許是今天交通出
了什麼問題（巴黎地鐵有時候就會罷工），但是，我好像也是搭地
鐵來的耶⋯⋯

　"She... in hospital..."　他又說到他們的女老闆今天在醫院裡。因為網
站上說這是家歷史悠久的酒吧，我想女老闆也許年紀很大了，就用
了今天剛學到的一個單字問他：　"Vielle?"　（很老嗎？）
　"Non, non, non, non..."　他看起來不太開心的用力搖頭。
嗯，我們好像不要講話比較好一點。

又點了一杯酒，坐到一點鐘，確定真的還是只有我一個人。我決定
去瑪黑區（Le Marais）看看到底巴黎人的夜店應該是幾點去。
我想今天也算是有收穫吧，至少我去過只有一個人的夜店。

到了瑪黑區，一出地鐵站往巷子走就看到好多家熱鬧的bar，人們在
門口抽煙聊天，滿滿的人坐在吧台喝酒，跳舞，這才是夜店啊！

我挑了一間看起來比較年輕的店走進去，一個站在吧台穿著皮草、說著義大利文的阿姨買了一杯酒請我。她把皮夾一打開，滿滿的大鈔就這樣亮晃晃的放在高腳椅上的皮包上面。

為了感謝她的好意，我想我應該要試著跟她說幾句話，但是當我一開口，她手一揮，就把酒一口喝光走進舞池裡了。

這……意思是……一切盡在不言中嗎？

長大

喝下今晚的第三杯酒，
看著酒酣耳熱的人們，在強烈的節拍中晃動著身體。
我想起第一次去夜店，是跟你一起去的，
一樣的酒酣耳熱，一樣震耳欲聾的音樂。
你拉著我的雙手放在你的腰上，
我還記得從你薄薄衣服傳來的溫度，
看著你自信擺動的小麥色肌膚，
嘴角揚起的，只對我展現的，完美的角度，
我覺得自己是全世界最幸福的人。

走出酒吧，冷風吹過我發熱的臉頰，
街上除了路燈，一片黑暗，巴黎原來也有睡去的時候。
我覺得自己又跟它熟了一點，
我們看到彼此沒有防備的模樣，
所以我讓自己又走了一會兒。

凌晨三點，地鐵車廂空蕩蕩的，遠方有一群年輕人在打鬧，
酒精放鬆了全身的肌肉，我好像和世界有一個安全的距離。
耳機裡ipod放著KT的〈Other Side of the World〉，
每次聽這首歌，都會想到我們住在永和的時候，
永和什麼都灰灰的，天空灰灰的，房子馬路都灰灰的，
什麼都灰灰的，但是我們好快樂。
那時我們好近好近，近到你好像住在我的身體裡。
你最愛吃一家50元pizza的焗烤，可以加很多起司，
每次我們去買焗烤的時候，
我都會看著牆壁上一張塞納河的海報發呆，
想著我們最愛的巴黎。
現在我在巴黎想著那家和你一起的50元pizza，
你真的離開我了嗎？

那些以為我們永遠不用長大的日子，
是人生最美好的誤會。

新同學不要哭

今天上學的時候，在一樓樓梯間有兩個女生突然叫住我。我認得其中一個金髮女生，是之前在第一個班級那個和我一樣聽課聽到一臉狐疑的同學。

她們問我：「聽說你轉班了，請問現在的老師教得好嗎？」
「很棒啊，我很喜歡William，他是超棒的老師！」我說。
「我們不喜歡現在這個班的老師，也想要轉班。」
「我懂我懂，我真的懂！」說完我就帶他們去找William。
雖然我們班名額已經滿了，但是我一直跟William說：「老師真的很重要！她們需要你的幫忙！」
人很好的William想了一下，決定和學務處溝通，在班上加兩個位子。於是我交到了兩個新朋友，紐約來的Melisa和土耳其的漂亮媽媽Duygu！

過了幾天，上學時，在一樓樓梯間又有一個女生叫住我。我認得她是之前那個班級坐在我旁邊的日本女生，叫作Momoe。
她用緩慢的法文夾雜著英文跟我說：「我很想要轉班，你可以幫幫我嗎？」
「可是William的班真的滿了耶。」我說。
「我還有三個月就要回日本了，可是現在連一個法文句子都說不出來……」說著說著，她竟然流下眼淚，我拍拍她，要她慢慢說。
「我存錢存得很辛苦才可以來巴黎學法文的，這個老師教的我真的都聽不懂……」

看著她白淨的臉上紅紅的鼻子都是淚水，我立馬決定帶著她去找
William。但是William說這次真的沒有辦法了，班上已經超過人數，
無法再增加新同學，Momoe很失望的離開了。

晚上我坐在電腦前，看到Momoe在線上，丟她問她還好嗎？雖然用
膝蓋想也知道不好，但是真的想安慰她。她丟了一個哭臉給我，跟
我說她很無助。
「真的可以完全感受你的無助……我最不能忍受不會教的老師浪費
學生的時間！」我說。
「謝謝你願意幫我，我在這邊沒交到什麼朋友，英文又不好……」
「我們再試一次好不好？我明天再帶你去找William！」
「真的嗎？」
「我幫你跟他說，然後你哭給他看， 他人超好的，看到你哭，他一
定會願意幫你！」
「真的嗎？我一定哭得出來的，我每天都在哭……」
哈哈，怎麼有一種好可愛又好可憐的感覺，又想拍拍她的頭了。

「你應該要幫她的，你知道，聽不懂老師上什麼有多痛苦嗎？」
「她再三個月就要回去日本了，現在卻連一個完整的句子都說不出
來！」
「她存錢存得很辛苦耶！」
感謝William的英文非常好，而我的正義感也激發了我的英文能力，
可以滔滔不絕的和William說。說著說著，我轉頭看看Momoe，她真
的順利流下了眼淚，而且一哭不可收拾。William一臉為難。

　「我們班有一位高高的男生很常蹺課啊，都沒有來，他的位子可以給她坐！」我說。

William眉頭皺了一下。

　「而且每天都有人會輪流沒有來，都有空位子的啦！」

William眉頭又皺了一下。

終於，他又往學務處走去了。

　「好吧，這真的是最後一個新同學了！」William說。

　「喔，我愛你，你是全世界最好的老師～～～～～」我用力握著William的手說。

他給了我一個「你很欠揍」的表情，然後說：「那你要記得每天寫功課喔！」

　"Biensure！"（當然！）我跟他比了一個很大的OK手勢，走出教師辦公室，Momoe笑了。

　"Dee, merci, merci！"（Dee，謝謝！謝謝！）她擦擦眼淚說。

　"De rien！"（不用客氣啦！）

　「你好，新同學，一起學法文吧！」

You Are My Hero

中午，我們班同學約著要去吃聽說很便宜的巴黎學生餐廳。

「要不要一起去？」我問Momoe。她很開心的點頭。
學生餐廳離學校有一段距離，大家跟著知道路的同學走，下課後可以和同學走在巴黎的感覺很棒，巴黎真的哪兒都漂亮！

我和Momoe邊走邊聊，她今天講了很多，像個快樂的小女生。和她練習法文很好，因為她比較不會說英文，哈哈。跟其他同學聊天時，還是會因為一時心急想要講很多，就自甘墮落的用英文了。來了法國之後，我的英文突飛猛進啊～
法文也要加油！

到了學生餐廳，是一棟看起來有點現代的大樓，一進門就看到排隊的人龍從二樓綿延到一樓。這…… 我肚子好餓……
帶頭的同學是香港的Cliff，他很像大哥哥的感覺，常常貼心的照顧大家。他跟我們說，排隊的隊伍移動得很快，要大家安心排。果然排了不到十分鐘，就輪到我們了。

這個學生餐廳不用學生證也可以來吃，聽說非常便宜實惠，上樓左邊是供應pizza和義大利麵的餐廳，右邊是供應法式家常料理的餐廳。吃了這麼多麵包三明治之後，我當然不要再吃pizza了，直接往右邊走去。
拿到餐盤往前移動，終於看到期待已久的菜色，哇塞，是熱呼呼的燉牛肉和炸魚排耶！可以選一樣主菜，配菜是豆子或馬鈴薯，隨便

● 學生餐廳外的厲害噴水池。「巴黎到底哪裡可以不漂亮」的感覺真的太棒了！

● 不好意思裝得有點醜，但是真的很滿足！

● 學生餐廳，用餐時間滿滿的人。這家不用學生證也可以來吃，是拮据人的好選擇。

你裝，還可以加一份生菜沙拉，一份前菜小冷盤和甜點，這樣竟然只要3歐！這太夢幻了啊，麵包店隨便一個三明治都要4、5歐了。

我選了有火腿的前菜小冷盤、水果杯和主菜燉牛肉，然後完全不顧擺盤的把豆子裝到都要滿出盤子了。雖然被我裝得有點像難民營的食物，但是對於平常都啃三明治而且其實很需要熱食的亞洲人來說，熱呼呼的軟嫩牛肉和熱呼呼吃到飽的豆子，真的是非常滿足啊！

今天的甜點看起來最好吃的是一個充滿藍莓的藍莓派，瑞士同學Elva和Momoe各拿了一個。她們說一起吃吧，就把藍莓派推到中間要大家分著吃。

這個藍莓派的派皮異常紮實，我拿起餐廳附的塑膠叉子用盡全力也沒有辦法切下去，就在我愈來愈納悶也愈來愈用力的時候，突然，一小塊藍莓派被我的力道加上塑膠叉子的彈力整個噴飛了出去。

呃……不知道派飛去哪了？但是還好沒有人看到。

我鎮定的轉回來繼續跟同學聊天，接著瑞士同學也想切一塊。她一邊跟我們微笑講話，一邊看得出來也非常用力的想要切下去。然後她說了一聲：“Oops～”

我看到那塊派飛到了隔壁桌一個人外套的帽子裡。因為大家其實還不算很熟，又裝作沒事的繼續聊，再來換Momoe想要吃。她可愛的笑著但是非常有力的把派切下去，這次派直接噴到我臉上還反彈回桌子。

「這到底是什麼派啊？！！！！」我再也忍不住了大聲說。

大家開始大笑，笑到完全停不下來。Momoe拉著我，笑到眼淚都流
出來了。雖然我們一口派都沒吃到，但是這個午餐太讚了啊！

吃飽飯和Momoe散步到地鐵站。

「Dee, merci, 今天是我來巴黎最開心的一天。」她說。

「以後都會很開心的！」我摸摸她的頭。

回到家打開手機發現有一通簡訊，是Momoe傳來的。

　"You are my hrro~~"

Hrro？……是hero嗎？

呵呵，臉頰熱熱的，原來當hero是這種感覺！：）

Partie 4

走在我的
美夢裡

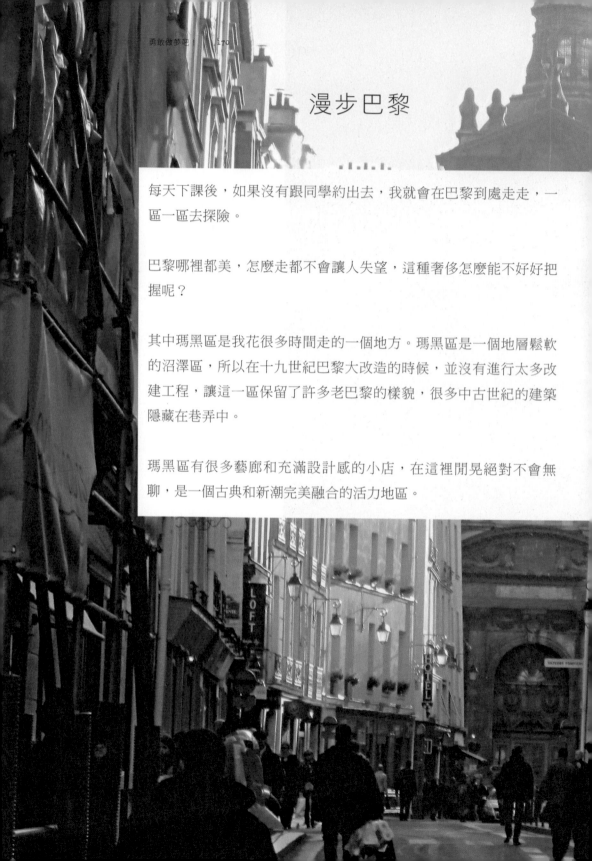

漫步巴黎

每天下課後，如果沒有跟同學約出去，我就會在巴黎到處走走，一區一區去探險。

巴黎哪裡都美，怎麼走都不會讓人失望，這種奢侈怎麼能不好好把握呢？

其中瑪黑區是我花很多時間走的一個地方。瑪黑區是一個地層鬆軟的沼澤區，所以在十九世紀巴黎大改造的時候，並沒有進行太多改建工程，讓這一區保留了許多老巴黎的樣貌，很多中古世紀的建築隱藏在巷弄中。

瑪黑區有很多藝廊和充滿設計感的小店，在這裡閒晃絕對不會無聊，是一個古典和新潮完美融合的活力地區。

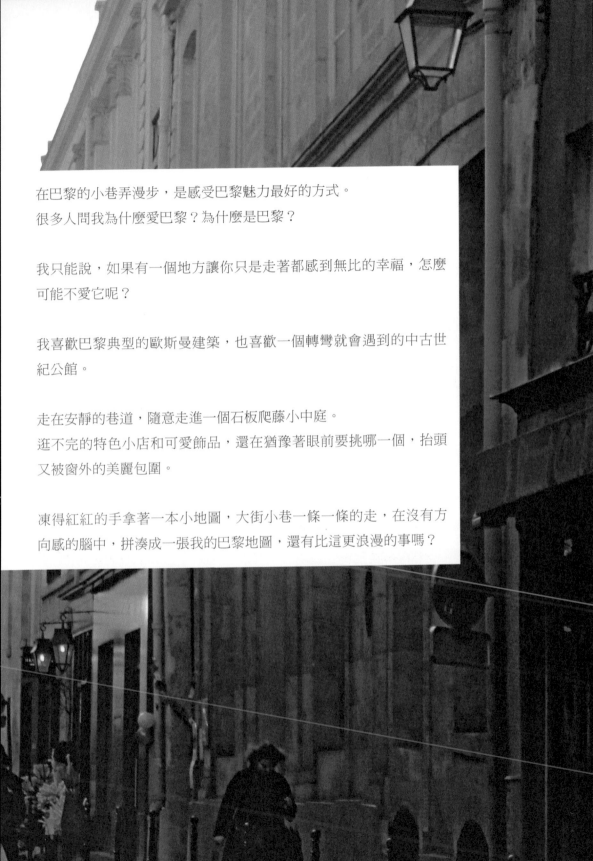

在巴黎的小巷弄漫步，是感受巴黎魅力最好的方式。
很多人問我為什麼愛巴黎？為什麼是巴黎？

我只能說，如果有一個地方讓你只是走著都感到無比的幸福，怎麼
可能不愛它呢？

我喜歡巴黎典型的歐斯曼建築，也喜歡一個轉彎就會遇到的中古世
紀公館。

走在安靜的巷道，隨意走進一個石板爬藤小中庭。
逛不完的特色小店和可愛飾品，還在猶豫著眼前要挑哪一個，抬頭
又被窗外的美麗包圍。

凍得紅紅的手拿著一本小地圖，大街小巷一條一條的走，在沒有方
向感的腦中，拼湊成一張我的巴黎地圖，還有比這更浪漫的事嗎？

● 瑪黑區，許多特色小店連招牌都可愛。

● 許多中古世紀的建築被保留下來，一個轉彎就會遇到。

●玫瑰街（Rue des Rosiers）是知名的猶太區， L'as du Fallafel 賣有名的猶太袋餅（Fallafel），這家最有名，常常大排長龍。

●代表同志的彩虹旗。瑪黑區很多同性戀餐廳、酒吧，充滿多元文化的活力。

● 里沃利街（Rue de Rivoli）上的巴黎市政廳（L'Hôtel de Ville de Paris），超級帥！

● 現代藝術館龐畢度中心（Centre Pompidou），像是個矗立在浪漫巴黎的大樂高玩具，我喜歡這種新潮與古典融合的趣味。

● 買張5歐的票就可以輕鬆坐電梯上來龐畢度中心頂樓，俯瞰美得讓我落淚的巴黎，不用排隊排半天。

一個人的塞納河

吃完晚餐，我把自己包得緊緊的出門夜走去。今年巴黎的冬天冷得特別早，十一月就出現好幾次零度以下的氣溫。戴上帽子保護好聰明的頭，全罩式耳機或耳罩擋住耳朵很重要，發熱衣紮進發熱褲襪裡（闊別二十年我又穿上褲襪了），套上毛衣、羽絨外套和牛仔褲就可以出門了。

雖然我很怕冷，但是把自己包緊緊的感覺很好，當冷風吹過臉頰，身體卻是暖的，就像那種暴風雨的天可以坐在滴水不漏的家裡，看著雨水打在窗上的安心感。

今天搭地鐵六號線到畢哈瓦站（Bir-Hakeim）從鐵塔下面出發。好久不見鐵塔本尊，巴黎鐵塔遠遠看有一種流線細緻的優雅，好像咖啡色的蕾絲，帥氣又美麗的點綴在巴黎米白色的石灰岩街道。但是當我們真的站在它下面時，那個密布交錯的鋼骨結構和直達天際的雄偉又讓人感到震撼。

記得小學六年級時，媽媽帶我和妹妹參加歐遊旅行團，我們站在鐵塔下面排隊排了兩小時，這幅壯闊的畫面就印在我腦中。

那時導遊跟我們說：「巴黎鐵塔是巴黎在1889年為了舉辦萬國博覽會建造的，當時很多人反對，覺得鐵塔很醜，包括小說家莫泊桑（Guy de Maupassant），但是鐵塔蓋好後，莫泊桑卻常常來鐵塔上的餐廳寫作，因為他說，這是全巴黎唯一看不到鐵塔的地方。」
「真是有哲理的話啊……」我小小的腦袋認真筆記了這句名言。不過我喜歡鐵塔！

就在我穿越鐵塔下方時，它忽然閃耀了起來，全身發光的bling-bling。
Hello, my sparkling dream~

進入夜晚，巴黎鐵塔在每個整點都會全身閃耀藍色的亮光一分鐘。我單手拿著相機用超仰角拍了自己和鐵塔一起的帥氣身影。我喜歡仰頭看著它巨大耀眼的模樣，它在我心中一直是這麼亮。

過了耶納橋沿著塞納河一路走，回頭就可以看到鐵塔，一直在我身後。經過了華麗的大小皇宮（Le Grand Palais / Le Petit Palais）、金光閃閃的亞歷山大三世橋，穿過協和廣場，來到了索菲利諾橋（Passerelle de Solférino）。

記得大學來巴黎時是夏天，我們兩個很天真的想要晚餐後去看巴黎夜景，結果等到十一點大家都睡著了天還沒黑。而現在，我可以在晚餐後就輕鬆享受巴黎的夜色。

記得三年前秋天來的時候，我拉著你坐在索菲利諾橋上唱歌，大聲唱著張懸的〈無狀態〉。 我喜歡在我喜歡的地方唱著我喜歡的歌，這樣這個地方就會好像變成我們的一樣。

燈火通明的遊船劃破水面，燈光照射在水波上，紅的，黃的，藍的，像霓虹一樣隨著水波一閃一閃映在我臉上。我倚著欄杆，橋上沒有一個人，還有比這個更夢幻的事嗎？

奧賽美術館的大鐘在我右手邊，羅浮宮在我左手邊，聖母院站在遠方，還有身後的鐵塔，塔頂的光束不停旋轉射向巴黎的每個角落，它們靜靜的陪著我。怕冷的我開始喜歡冬天了。
一遍又一遍的聽著〈無狀態〉，塞納河是我一個人的。

一直在想著，巴黎，還好我有來找你，不然我永遠都不會知道你可以這麼近。

我愛學法文

我想，我是真的喜歡念法文，這輩子第一次知道筆記本也是會用完的。以前在學校讀書時從來沒有認真抄過筆記，課本都在畫畫。但是我真的喜歡念法文。

我有一本可以放在口袋的小本子，把我想要記的單字都記下來，每天搭地鐵的時候可以背。我的麗莎和卡斯柏筆記本寫滿了我喜歡的句子，一句一句，覺得自己用得上的句子都想記下來，期待哪一天它就會派上用場，然後用很標準的法文發音一遍一遍的唸出來；很滑順的，每個該連的音都有連著的唸出來，就好像我真的在用法文侃侃而談了。

但是我的人生，喜好總是有點太明確。我很喜歡講，不太喜歡聽，並不是說我不想聽別人講話，而是因為法文的聽力真的滿難的。對於一個初學者來說，可以在一串句子裡面辨認出某些單字已經很不容易了，更別說還有一堆連音的變化，很多字尾不發音的字母，遇到下一個單字剛好是母音開頭，都變成要發音了。
我沒有耐性反覆聽著練習帶練聽力，聽了幾次就覺得「看吧，真的好難喔」，然後開始放空。每一次上課，如果老師要我們練習對話，我都會全神貫注，眼睛發光，但是一放聽力的錄音帶，我就瞬間眼神渙散。

當William要我們一個一個輪流回答錄音帶裡的問題，輪到我時我都會跟他說：“Please skip me.”
但是下次他還是會人很好的試圖要我回答，從來沒放棄我。

William也常常在上課的時候點同學上台練習對話。我可以輕易的說出一串很溜的句子，接著就看到William露出讚許的眼神，但是如果跟我對話的同學也太溜的對我講出一串句子時，我就會轉頭問William：「他說什麼？」
William會瞬間轉換成一個齜牙咧嘴、想掐死我的表情。

有時候在路上問路人問題時，也會因為我不小心講得太好，路人就跟我侃侃而談，然後才發現我一臉茫然。沒辦法，我真的講得有點太好了～
我會再加油囉，可以遇到一件真心想要認真的事情，就是一種幸福！

而且我法文真的講得很好聽！

期中考

今天是期中考，拿到期中考試卷，發現題目我都看得懂，寫出來的
應該就是正確答案沒錯，只是可能有點拼錯，不過只要知道我會就
好，不強求。

流暢的寫到最後，看到作文題目是：給朋友的一封信（分享你的假
期）。寫滿一面就可以得到二十分，用法文寫作文耶，好酷！

我發現在有限的字彙下要寫得多，關鍵就是「把會的字都用進去」
and「不介意稍微離題」and「不介意鬼打牆」。

咻咻咻的寫了滿滿一頁，寫完自己看了都覺得怎麼這麼厲害。

En vacances, je suis allée au restaurant,
C'est très très très bon !
Je pense que tu vas aimer ça aussi !
Parce que je sais que tu aimes manger aussi-
J'espère qu'on peut manger ensemble !

在假期中，我去了一家餐廳，
真是太太太棒了！
我想你也會喜歡的！
因為我知道你也很愛吃～
我希望我們可以一起吃！

En vacances, je suis allée au parc,
parce que j'aime voir les chiens,
parce que j'aime les chiens beaucoup! Tu sais-
Je veux avoir un chien si beaucoup !
Mais j'aime les chats beaucoup aussi,
Je ne sais pas que je dois avoir un chien ou un chat?
Tu peux me dire?

在假期中，我去了公園，
因為我喜歡看到狗，
因為我好喜歡狗！你知道的～
我真想有一隻狗，
但是我也很喜歡貓，
我不知道我應該有一隻狗還是一隻貓？
你可以告訴我嗎？

En vacances, j'ai dormi beaucoup,

je sais que tu aimes dormir beaucoup aussi~

C'est pourquoi on adore les vacances !

Mais on ne peut pas dormir toujours, on doit travailler.

C'est la vie !

在假期中，我睡了很多，

我知道你也很喜歡睡覺～

這就是為什麼我們熱愛放假！

但是我們不能總是睡覺, 我們必須工作！

這就是人生！

Tu me manques beaucoup beaucoup~

Tu es si importante pour moi !

Je pense que tu dois venir chez moi,

parce que je ne t'ai pas vu longtemps !

Je t'aime~ bisous !

我非常非常想你～

你對我是這麼的重要！

我想你應該要來我家，

因為我很久沒看到你了！

我愛你～親親！

....

不錯啦我的法文，哈哈！雖然翻譯出來看了覺得有種幼兒作文的感覺，不過再怎麼樣我也咻咻咻的寫了一整面啊！

交了考卷，對William得意的眨了一下眼，考完試就要開始一週的假期。

Au revoir~放假去！

抓住黃葉的尾巴

秋末，院子裡的爬藤顏色好美，黃的、橘的、橘紅的、朱紅的、火紅的，從三樓一路傾瀉而下，打開窗就可以看到。

不像春天的色彩齊放、夏天的綠油油或是冬天的枯朽，秋天，好像每天都有令人驚喜的變化，這是我這個亞熱帶小孩第一次感受到秋天的美麗，在我的身邊。

今天吃飽飯和鍾姐聊天，說到我在布洛尼森林看到好美的秋天景色。她說往我們家的另一個方向走，有一個很大的公園叫聖克勞德（Saint Cloud），如果我想找美麗的秋天，也可以去看看。

Wow, 我想去！但是我已經買好明天中午的歐洲之星車票，要去倫敦找朋友玩……但是，但是，這種稍縱即逝的美麗，錯過就不會再有了……

調好鬧鐘，我決定明天一早起床，去抓住巴黎秋天的尾巴！

● 院子裡的爬藤好美 ●

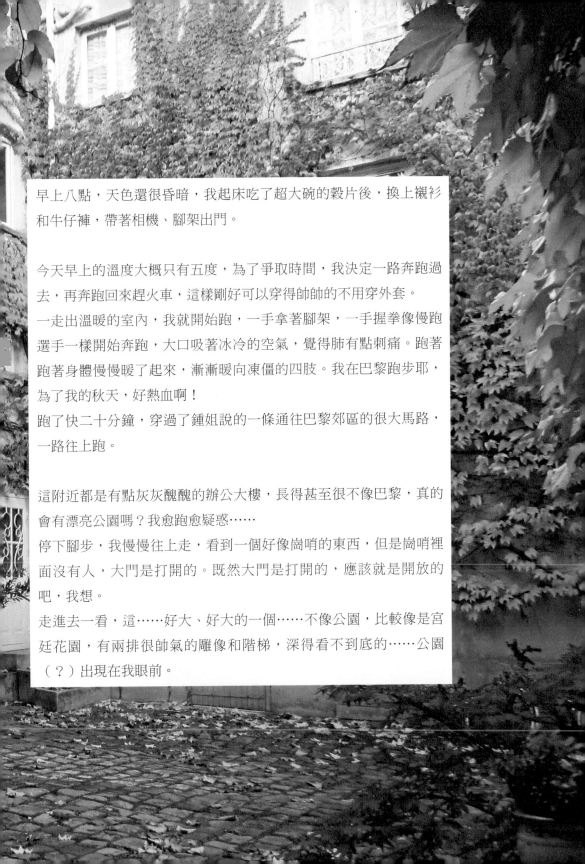

早上八點，天色還很昏暗，我起床吃了超大碗的穀片後，換上襯衫和牛仔褲，帶著相機、腳架出門。

今天早上的溫度大概只有五度，為了爭取時間，我決定一路奔跑過去，再奔跑回來趕火車，這樣剛好可以穿得帥帥的不用穿外套。
一走出溫暖的室內，我就開始跑，一手拿著腳架，一手握拳像慢跑選手一樣開始奔跑，大口吸著冰冷的空氣，覺得肺有點刺痛。跑著跑著身體慢慢暖了起來，漸漸暖向凍僵的四肢。我在巴黎跑步耶，為了我的秋天，好熱血啊！
跑了快二十分鐘，穿過了鍾姐說的一條通往巴黎郊區的很大馬路，一路往上跑。

這附近都是有點灰灰醜醜的辦公大樓，長得甚至很不像巴黎，真的會有漂亮公園嗎？我愈跑愈疑惑……
停下腳步，我慢慢往上走，看到一個好像崗哨的東西，但是崗哨裡面沒有人，大門是打開的。既然大門是打開的，應該就是開放的吧，我想。
走進去一看，這……好大、好大的一個……不像公園，比較像是宮廷花園，有兩排很帥氣的雕像和階梯，深得看不到底的……公園（？）出現在我眼前。

巴黎……一定要隨便一個公園都這麼帥嗎？而且還一個人都沒有。

我繼續往裡面走，看到一條好高大的黃葉大道。在一片靜謐中，大道的盡頭有一個毀壞的巨大雕像底座，這裡有一種懾人的氣勢，我想像有一個穿著盔甲的騎士，騎著白馬慢慢向我走過來。

這座公園有很多精緻的小徑、坡道。每一個轉彎，都像是走進一個黃葉小房間，小房間裡還有一些大大小小的噴水池。
雲慢慢開了，陽光灑下，池邊斑駁灰白的雕像各有姿態，孤傲的發著光。
這絕對不只是一個公園，我好像看到它曾經的輝煌，也許我抱著某個雕像旋轉一圈，地底皇宮就會打開。

● Parc de Saint Cloud，9:00 a.m.

● 布洛尼森林

陽光下孤傲發著光的噴水池

● 黃葉大道，盡頭是一個毀壞的雕像底座。

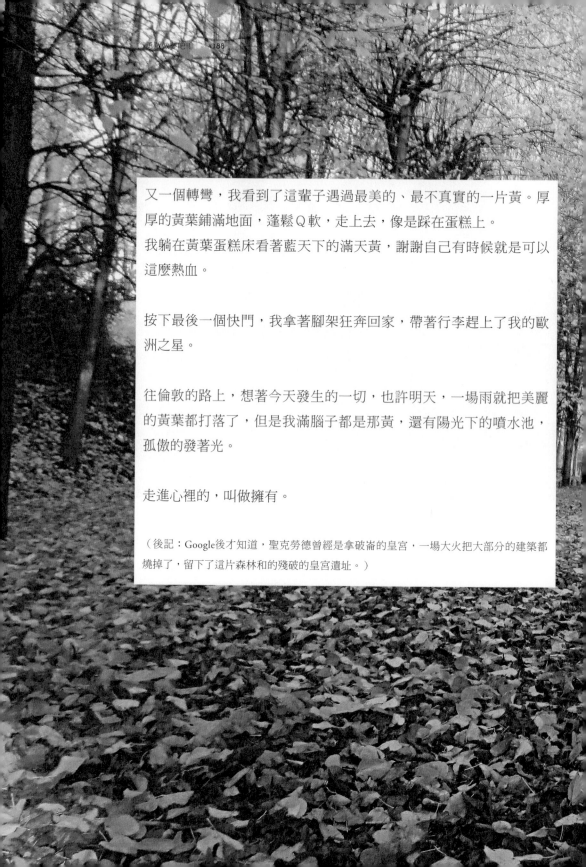

又一個轉彎，我看到了這輩子遇過最美的、最不真實的一片黃。厚厚的黃葉鋪滿地面，蓬鬆Q軟，走上去，像是踩在蛋糕上。

我躺在黃葉蛋糕床看著藍天下的滿天黃，謝謝自己有時候就是可以這麼熱血。

按下最後一個快門，我拿著腳架狂奔回家，帶著行李趕上了我的歐洲之星。

往倫敦的路上，想著今天發生的一切，也許明天，一場雨就把美麗的黃葉都打落了，但是我滿腦子都是那黃，還有陽光下的噴水池，孤傲的發著光。

走進心裡的，叫做擁有。

（後記：Google後才知道，聖克勞德曾經是拿破崙的皇宮，一場大火把大部分的建築都燒掉了，留下了這片森林和的殘破的皇宮遺址。）

夢想的巴黎公寓

我們班的漂亮土耳其媽媽Duygu在她家舉辦了一個party，邀請班上一些要好的同學參加。

晚上吃過飯，我跟著抄下的地址來到了一棟公寓樓下，這……這裡根本就是在我們學校隔壁嘛，就是真的只隔著一條街的隔壁，這地段也太棒了吧，第六區耶，是我夢想的區！

抬起頭，看到三樓窗戶，室內一盞水晶吊燈，耀眼的光線穿過黑色雕花鐵欄杆透了出來。
按了門鈴，用盡全力推開比我還重的木門，沿著鋪著紅地毯的樓梯旋轉爬上三樓，
門一開，我看傻了眼，是有著巴黎夢幻窗景的第六區華麗公寓。
我以前總是站在街上仰著頭看著裡面的水晶吊燈，想著到底是誰會住在裡面的巴黎華麗公寓，現在，我走進來了。

● 曾經，我們站在那街角一起仰頭看著……

和Duygu碰了碰臉頰。

"Oh, your house is my dream... Can I take pictures?" 我說。

"Sure!" Duygu笑著說。

我一邊拍一邊重複說著："Oh, your house is my dream..."

Duygu說，她是室內設計師，來巴黎開設計公司，所以開始學法文。以前只覺得Duygu很好相處，不知道她有這麼厲害的身家。看著夢幻的第六區窗景，我可以說，交到這個朋友真好嗎？

Momoe和Melisa也到了，因為轉班的緣故，我跟Momoe、Melisa和Duygu變成了好朋友。她們早早就來幫忙準備今天的party food。

有豐盛的起司切盤、鵝肝醬、火腿，各種鹹肉搭配烤得香脆的法國麵包，然後一瓶一瓶的紅酒、白酒、香檳。

Duygu一點都沒有有錢人嬌貴的氣息，她就像是一個很nice的姊姊一樣，要我們盡量吃、盡量喝。

門鈴聲不停響起，班上很多好同學都來了，連William也來了！

喝了酒後，我的法文好像變得特別好，和Melisa的法國男朋友愈聊愈開心。

Duygu放了輕快的森巴，巴西和委內瑞拉同學隨性的跳起舞來。

我的好麻吉Hely，他是委內瑞拉人，講話有點大舌頭，可是很聰明。每次我上課恍神，問他老師說了什麼，他都可以一五一十的跟我好好解釋。平常看他溫溫的樣子，跳起舞來卻很有魅力，一個人

拉著不同的女生轉來轉去縱橫全場。我茫茫的躺在沙發上一直大笑，幫他拍手歡呼。

打開窗，是每天上學都會經過的雷恩大街（Rue de Rennes），我一個人在窗邊吹風，看著窗外的我們，站在街角仰著頭的我們。

「好棒的房子喔，有一天我們有可能走進去嗎？」我轉頭對你說。
你親了我一下，冰涼的鼻子印在我臉頰，我笑著把你的手牽起來放進口袋。

● 好同學都來了！

● Duygu的家是有著第六區街景的夢幻巴黎公寓。

學習擁有

凌晨一點，party結束了，大家擁抱道別，
六區的街道上很多高級家具店，整夜燈火通明，
櫥窗裡的水晶吊燈、手工皮沙發、鑲金的畫框，都沒有睡，
冷烈的風吹來，溫熱的淚水，轉為冰涼。

有一次我們吵架，你生氣的跑出去，我沒有拉住你，
過了好久，我走到巷口的Seven，
看到你眼睛哭得腫腫的，坐在角落的地上吃著巧克力，
一看到你，我就笑了。

你嘟著嘴問我：「你怎麼知道我在這裡？」就抱著我哭了起來。
我說笨蛋，你做什麼我都知道啊。

「你不可以不要我喔！」你說。

我永遠記得你像小朋友一樣看著我的眼睛，
現在想到你的眼睛，不管什麼時候我都會哭出來。
是什麼讓這些變得冰冷？

你跟我說你找不到自己了，在我身邊你看不到自己，
你說我總是知道我要什麼，總是可以輕易的說出我要什麼，
但是你不是那樣的人，
你要離開我去找你要的了。
沒有想過有一天你會對我說出這樣的話，
那個曾經把我當作全世界的小朋友，要去找自己的夢了。
你說我永遠不會懂你的感覺。
我想我真的不懂吧，在我失去你之前。

我想我們都是在失去中，才開始學習怎麼擁有。

忘年之交William

沒有想過我會有一個忘年之交，但我想我真的遇到了。William不但是一個超級好老師，也是一個熱愛歷史和文化的超級法國通。
每個禮拜四下午他沒課，只要我開口他就會帶我去走走。

「巴黎在十九世紀經歷了一個大改造，才變成現在這個樣子，你看這裡旁邊比較低窪的地方，是以前真正的道路。」William指著旁邊比馬路還低了一公尺的地面跟我說。
「巴黎以前很多水路，看這塊雕刻的石頭，代表這裡以前是個渡船碼頭，這塊石頭是贗品，真品在羅浮宮裡。」

抬頭看到一塊雕刻著渡船圖案的小小石頭在一棟公寓的窗戶下面，跟在William旁邊，看他熟練的穿梭在大街小巷，信手捻來跟我介紹。如果以前的歷史課也可以這麼有趣，我的歷史一定會考很好。

他帶我去塞納河旁的小教堂，告訴我這種古法製作旋轉向天花板延伸的柱子有多美。這是巴黎最古老的教堂之一。

他帶我去學校旁邊的一條小鴨街（Rue des Canards），地上的石板拼出一隻可愛的小鴨圖案，我走了一百次都沒發現地上有隻鴨。

他帶我們去一家愛爾蘭酒吧吃巴黎最好吃的咖哩飯，真的好好吃！
而且每一家店的老闆怎麼都是他的好朋友。

● 下面是十九世紀巴黎大改造前的巴黎地面。

● 這是以前渡船頭的標誌，這塊是贗品，真品在羅浮宮。

● 小鴨街的小鴨，我走了一百次都沒發現。

● 塞納河邊的小教堂，是巴黎最古老的教堂之一。William
說這種旋轉延伸向天花板的柱子是很厲害的工法。

他帶我去看以前路易十三住的地方，斜對角就是畢卡索故居。我們還走進一個不起眼的地下停車場，看藏在地底下十四世紀的城牆。

他帶我們去一家金黃鏡面都斑駁的老咖啡館，喝著expresso向日本同學學漢字。

他帶我去法國大革命時官員們開會的餐廳，吃好香好細嫩的奶油烤鱒魚。

我們坐在以前雨果愛坐的位子，看著旁邊前總統希哈克常坐的那一桌，然後拿出法文的台灣旅遊書，約好了明年要來台灣找我玩。

有一次William自己做了一桌豐盛的美食，請班上同學去他家玩。他的家在巴黎郊區，是一個他親手打造的溫馨小別墅。他說連家裡的樓梯都是挑選他喜愛的年分的木頭，一階一階自己慢慢鋪起來的。走上二樓，除了主臥房還有一間空房，他說這是他預備要給孩子住的房間，但是他太太在他努力打造他們夢想小屋時，離開他回德國去了，他也不知道為什麼。

"She just leave." 他平靜的說。

我在客廳看到一幅畫，是William抱著一隻兔子。他在畫裡很帥。

他說那是他最愛的一隻兔子，每次傷心的時候，兔子都會跑過來舔他的眼淚。這幅畫是他之前的女朋友幫她畫的，他給我看照片，是一個很有氣質的日本畫家，

他們很相愛，但是因為女生要回日本照顧年邁的雙親，只能分開。

他們現在還是無話不談的好朋友，常常通email。他說他還是想要一個家庭，會一直找下去的。

● 法國大革命時期官員常來開會的餐廳，在歐德翁地鐵站(Odeon)附近。

● 地下停車場藏著十四世紀的城牆。

● 金黃鏡面都斑駁了，很棒的老咖啡館。

他每天去晨泳，再搭火車轉地鐵來學校上課，不管大熱天或下雪天，從來不遲到。

他總是西裝筆挺的用他的風趣幽默和無比耐心面對每一個學生。

他喜歡旅行、音樂、美食、美酒，精通法文、英文、德文，正在學日文和韓文。

他樂於助人，不管年紀，不管是男生或女生。

我在他身上看到一種真正對生活、對生命的熱情；我衷心希望他找到懂他愛他的人，也相信他一定會找到的。
我們笑著幫彼此打氣。

謝謝我的忘年之交，讓我看到了充滿熱情的生命，充滿熱情的巴黎。我會一直回來找你陪我走巴黎，一直一起走巴黎。

● 2012年，William來台灣找我玩，我們在艋舺祖師廟學Monga……

● 2013年夏天，我回巴黎找William，我們要一直一起走巴黎~

巴黎下雪了

巴黎什麼時候會下雪呢？我每天都在想。雖然今年冬天冷得特別早，但是每次遇到零度以下的氣溫，都是晴朗的天氣。
雖然也不是沒看過雪，但是如果下在巴黎，就是不一樣，我光想像巴黎在白雪覆蓋下的樣子，就已經熱淚盈眶了，一定會很美很美。

今天晚上慣例的上網查著其實都不太準的巴黎天氣預報，竟然看到了一個我沒看過的圖案，這……是雪花嗎？是一個六角形的雪花圖案出現在明天的天氣圖上，wow，就是明天了嗎？

「如果讓我遇到巴黎的第一片雪，我希望自己在哪裡呢？」我認真的想著。

香榭大道（L'avenue des Champs-Élysées）吧，香榭大道是我第一次認識巴黎的地方，之後每一次的巴黎旅程，都還是會先來香榭大道晃晃。筆直寬闊的大道從新凱旋門、通到凱旋門通向協和廣場，很有氣派的巴黎味，也很好逛，決定明天下課就從凱旋門出發。

搭地鐵一號線到富蘭克林‧D‧羅斯福站（Franklin D. Roosevelt），走出地鐵站就看到高大的凱旋門站在眼前。

凱旋門雖然是個「門」，但近看時真的雄偉到讓你忘記它是門。

它的高度將近五十公尺，也就是差不多二十層樓高，厚度也有二十二公尺，光是一根「門柱」就是一棟大廈的規格了。

走到門下方仰頭看著好高好高的精細雕刻，就覺得可以了解為什麼當時會蓋到拿破崙戰死了之後才完成，也值得了啦。

沿著香榭大道一路走，今天雖然冷，卻是個大藍天，這樣是有可能遇到雪嗎？好吧，就當來散步的囉。

走著走著，天空飄來一片很大的雲，像一艘大太空船，把天空分成藍色和灰色兩塊。我停下來，看到了那扇門，我記得我來過很多次，但是都不知道它到底是誰的那扇門，就在香榭大道的某一個轉角，黑色的華麗雕花鐵門上頭有著閃耀的金色。
就在我終於拍下這扇門的模樣時，鼻頭一陣冰涼的感覺，摸了一下，是顆水珠，

下雨了嗎？我抬頭看，一絲一絲的雪白輕輕飄下，穿過行道樹的枝條，穿過黑色的雕花鐵門，穿過金色的光芒，用好像一世紀的時間，飄到了我臉上，直到一陣真實的冰涼，又化成手上的水滴。
雪……下雪了……巴黎下雪了……
我好興奮的大聲叫，看著身邊的人們，不認識的陌生的人們，我跟每一個經過我身邊的人說：“Il neige! Il neige!”

「下雪了！巴黎下雪了！」我從大叫，變成哽咽。我知道我正在哭得很醜，天啊，怎麼比我想得還感動！

雪花愈來愈大，一片片停在我的外套上沒有化掉。我仰起頭去感覺不停降下的冰涼，路上的行人也興奮的停下來拿起相機拍照。
我拿出相機拍下我在香榭大道的白雪中的影片，
「巴黎下雪了……我在香榭大道！」我的聲音在顫抖。

你看到了嗎？我們一起走過的香榭大道，在盛夏，在深秋，在青春無敵的傲氣中，在心照不宣的溫柔裡。

巴黎，下雪了。
我醒來，走進夢裡。

● 凱旋門上的大型浮雕是以戰爭為主題，四側的門刻著跟隨拿破崙出征的三百六十八名將軍和九十六場勝戰的名字。

● 我醒來，走進夢裡。

天啊，怎麼比我想的還感動！

雪白巴黎

結果今年在巴黎讓我遇到了很多場雪。
「你這個幸運的小朋友。」鍾姐跟我說。

之後只要氣象報告說隔天會下雪，我就會全副武裝準備好，外套、相機、腳架，我想要看每一個讓我感動的巴黎在白雪裡面的樣子。

我記得那個早晨，一醒來張開眼就看到糖霜般的細雪抹在窗外堆疊的紅瓦屋頂上。我跑到院子，一個人又叫又跳。
我又去找聖克勞德公園，藍天下結冰的噴水池，雪地裡屹立的雕像。這次我想像我是拿破崙，看著自己征服的一切。

我看到了大雪中的聖母院，那天雪好大好大，我拍到全身都溼了，相機差點壞掉。

最愛在春夏來野餐的杜樂麗花園，也被厚厚的白雪覆蓋，白茫茫的世界，沒有一個人，連野餐用的椅子都被白雪埋起來了。
那一片廣闊的靜，讓我好像看到另一個巴黎。

我喜歡在壯闊的雪景裡，聽著Augustana的〈Boston〉和〈Sweet & Law〉。戴上耳機，就開始拍MV。
那種掛著兩行鼻涕、臉冷到痲痺、心卻在沸騰的熱血，我絕對不會忘記。

走在我的美夢裡，走到看到的，都是我的夢。

● 我房間的窗景

● 大雪中的庭院

● 雪中的聖克勞德公園

● 聖母院，我最愛的角度。

● 杜樂麗花園，野餐用的椅子也被雪白覆蓋，好像看到另一個巴黎。

● 閃光燈忘記關掉拍下的美麗天鵝湖。

● 協和廣場的雪白摩天輪，巴黎冬季限定。

聖誕市集美食團

巴黎每年從十二月開始就有聖誕市集。在香榭大道上，新凱旋門的廣場前，閃亮亮的金色、紅色、綠色的聖誕氣氛。各種熱呼呼冒著煙的食物好吸引人。

我去新凱旋門的大商場（Les Quartre Temps）買褲襪時看到聖誕市集出來了好開心，就約了Momoe隔天晚上一起去逛市集。

我們約在協和廣場這頭開始走，出了地鐵就被眼前亮晶晶的雪白大摩天輪給吸引。Wow～好美喔，巴黎冬季限定！

雪白的大摩天輪夢幻的站在帥氣的方尖碑和遠方發著光的鐵塔前，有一種和諧的混搭感，心中的兒童樂園馬上被呼喚了出來。
香榭大道上掛起霓虹燈，華麗又歡樂。我們興奮的看著各種看過和沒看過的食物，每一攤都想吃，有種在香榭大道逛夜市的感覺～
歐美的商店通常六、七點就關門了，可以在晚上出來逛街，是一種新奇的奢侈。

先來杯熱紅酒吧。熱紅酒是在溫熱的紅酒裡加了香料和水果，喝起來香甜順口，在歐洲冬天到處都有賣，冷冷的天來上一杯很舒服。
我們買了一份油亮亮的馬鈴薯和現切火腿，喔，好油好好吃～鴨油好香，用鴨油燉煮的creamy馬鈴薯真是太銷魂了。

兩個人站在路旁高腳桌子吃很有氣氛，但是吃完之後就差不多失溫了。這種天氣，在室外如果沒有快速走動或奔跑，真的很快就會變成一根冰棒。

走了一會兒，我的腳尖已經凍得有點麻麻的，就算喝了一杯Vodka加魚子醬，吃了很甜很甜包滿巧克力醬的可麗餅也無法抵擋寒冷。

好羨慕旁邊和遊客拍照的聖誕老公公喔，他坐在他的雪橇上，蓋了一條看起來很暖的毯子。從來沒想過有一天我會覬覦一個聖誕老公公的家當……

就在我們真的要完全成為兩支冰棒的時候，看到路邊出現了幾個暖爐。Oh～這是比賣火柴女孩的火柴還要美麗的火光！

我和Momoe陶醉的黏在暖爐旁，很想把整個人塞進暖爐裡。

「還有好多我想吃的耶，這樣吃是要吃到什麼時候……？」我說。

「Umm……」她歪頭看著我。

「我們找班上的同學來一起吃吧！」回家馬上po了幾張今天拍的誘人食物照片上FB，標籤班上的同學們。大家都驚呼了。

「吃遍巴黎聖誕市集」美食團馬上成行！

我們一群人來到新凱旋門的聖誕市集，攤位更大更多。大家還在猶豫要吃什麼，我已經買了一大盒馬鈴薯吃了起來，鬆鬆軟軟的馬鈴薯是我的心頭好啊！加了藍起司和火腿超級好吃，我都要旋轉了。

"Dee, tu es toujours en train de manger !"（你總是在吃！）Cliff笑著跟我說，哈哈，沒想到我來到法國之後的形象是個愛吃鬼，連揪團都是揪美食團。

● 香榭大道上的聖誕市集

● 超誘人的熱熔起司三明治。把這張照片po上FB,「吃遍聖誕市集美食團」馬上成行。

● 吃遍巴黎聖誕市集美食團 @新凱旋門廣場

● 這馬鈴薯誰抗拒得了?!

● 迫不及待先來份藍起司火腿馬鈴薯。瑞士同學Elva教我圍巾實用禦寒方法。

● 很像士林大香腸但是很鹹的歐洲香腸,點一份會切片加上青蔥和洋蔥拌炒。

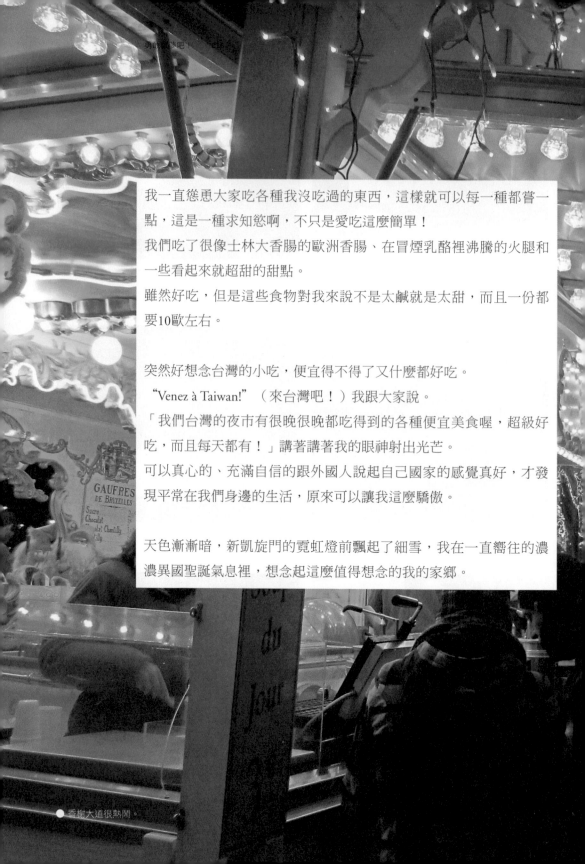

我一直慫恿大家吃各種我沒吃過的東西,這樣就可以每一種都嘗一點,這是一種求知慾啊,不只是愛吃這麼簡單!

我們吃了很像士林大香腸的歐洲香腸、在冒煙乳酪裡沸騰的火腿和一些看起來就超甜的甜點。

雖然好吃,但是這些食物對我來說不是太鹹就是太甜,而且一份都要10歐左右。

突然好想念台灣的小吃,便宜得不得了又什麼都好吃。

"Venez à Taiwan!"(來台灣吧!)我跟大家說。

「我們台灣的夜市有很晚很晚都吃得到的各種便宜美食喔,超級好吃,而且每天都有!」講著講著我的眼神射出光芒。

可以真心的、充滿自信的跟外國人說起自己國家的感覺真好,才發現平常在我們身邊的生活,原來可以讓我這麼驕傲。

天色漸漸暗,新凱旋門的霓虹燈前飄起了細雪,我在一直嚮往的濃濃異國聖誕氣息裡,想念起這麼值得想念的我的家鄉。

香榭大道很熱鬧。

聯合國同樂會

明天就要進入兩個禮拜的聖誕假期。在歐美國家，聖誕節就像我們的新年一樣，會有很長的一段假期，大家都回家團圓，巴黎只剩下觀光客。

好快，假期結束學期就只剩一個月了，怎麼覺得才剛開始呢？

今天我們要開同樂會，Duygu拿出漂亮的桌紙和小蠟燭來布置桌面，我們把各自的食物排出來擺得好豐盛。Cliff要大家準備禮物，送給最親愛的William。

我真的想不到要送什麼，就畫了一張卡片給William。很久沒有用心為一個老師畫一張卡片了，我真的要說，怎麼可以這麼幸運、這麼幸運，遇到這麼棒的老師！

"Merci bcp bcp de etre tres tres sympa pour nous et pour moi."（非常非常謝謝你總是對我們這麼這麼好。）

卡片上一字一句都發自內心。

這次的遊學，讓我又回到當一個學生的幸福感覺。

我跟班上的同學都很好，除了有一次一個伊朗同學堅持要我用他覺得正確的方式跟他練習對話，我就跟他吵了一架。大家一直笑我這樣也要生氣，可是我就是不能忍受他覺得只有他是對的。不過後來William沒讓我們坐在一起，就沒什麼問題了（菸）。

雖然我沒有成為非洲大叔的第八個老婆，但我們還是好兄弟，每天都會碰一下拳頭。

班上有三個非洲大叔，我都很喜歡，他們總是西裝筆挺，有些好像是公司的大老闆，可是非常nice。從來沒想過我會和一群事業有成的可愛大叔成為同學。

每天和南美、瑞士女孩們的課後聊天，讓我的英文突飛猛進。她們對未來都很有自己的想法，一點都感覺不出來才二十歲。我喜歡她們積極的態度，這種跨領域的英文會話只要勇於發問，就可以學到很多我最缺乏的專業字彙。

還要超級感謝Duygu三不五時讓我去她的夢幻公寓吃飯、開party。

紐約的Melisa很有紐約人的強悍，她會帶著我跟超市插隊的人吵架，把我們失去的位置給搶回來。

還有我的好麻吉Hely、可愛妹妹Momoe。

不管和什麼國家的人相處，只要真心，交朋友就很容易，這是我英法夾雜加比手畫腳三個月的心得。

有一天Cliff看了我的FB跟大家說：

"Dee is very famous in Taiwan, she was on many TV programs!"

"No,no,no..." 我笑著說。

他們知道我在教昆蟲都覺得很酷。

"You are not look like a teacher! And 29 years old !"

大家到現在還是不相信我已經二十九歲了，除了我，大部分同學都是之後要留在巴黎繼續念書或工作。他們看我的FB，看我每天在巴黎探險，覺得我像個小朋友一樣。

我很喜歡這樣的感覺，平常認真的工作，想要的時候，也可以溜出來當個學生，然後發現自己始終沒有變成一個大人。我知道我對心中美好的嚮往，不會被現實給掩蓋。

我不再害怕長大了，如果我不會忘記自己看待這個世界的初心。

● 說我可以當他第八個老婆的非洲大叔

● 聯合國同樂會

● 有沒有畫得很像？

● 親愛的William，你是最棒的老師！！我太幸運了，可以遇到你當我的老師！非常非常謝謝你對我們這麼這麼好。聖誕快樂！

● 委內瑞拉同學Laura（左一）跟美國同學Shane，小了我快十歲卻很有想法的女孩們。

● 紐約同學Melisa，平常很溫柔，跟插隊的法國人吵架很帥氣。

我們都勇敢

Momoe的好朋友曾經在巴黎當過六年的廚師，他推薦了很多好吃的餐廳，Momoe都帶我去吃，真的是每一家都讚啊！

在巴黎隨便找一家餐廳吃飯是很危險的，尤其愈熱門的觀光景點附近，每家餐廳都看起來漂漂亮亮，很有法國味，但是很多都是騙觀光客的。

前兩次我來巴黎，因為沒有熟門熟路的人帶路，自以為要很浪漫的隨性找幾家餐廳享受美食，吃了都很失望，還很疑惑的想說巴黎不是「美食之都」嗎？這次來才終於搞清楚。

William也教了我一個分辨「觀光客餐廳」的方法。他說如果一家餐廳的菜單是直接寫好掛在餐廳門面上，每天都一樣，不會更換，那就是標準的「觀光客餐廳」。

那樣的餐廳不但食物不好吃，甚至是很不健康的組合食物，因為在法國真正好的餐廳，會根據每日的食材更換菜單。

我和Momoe約好中午在一家很棒的餐廳L'ourcine 吃飯，結果下課時就下起了大雪，是很大的雪，像冰雹一樣打到身上會痛的那種，下到服務生都失神的看著窗外。

我吃到了這輩子吃過最香的紅酒燉牛肉。好高雅的紅酒香氣，把牛肉的醇厚完全帶出來，一口吃下，一股芬芳湧向整個鼻腔和腦袋，配上非常細緻滑順的馬鈴薯泥，吃一次就絕對忘不了。

吃完飯，大雪還是沒有要停的跡象，Momoe說她住的公寓在附近，我們就先去她家避雪吧。

跟餐廳借了一把雨傘，第一次知道雪下太大也是要撐傘的。我們邊大叫邊衝向她家，大雪不停的打在小傘上，腳踩在厚厚的雪泥裡，真的有一種要被大雪吞沒的感覺。

終於推開了公寓大門進到安全的室內，我們兩個都笑了，這比拍災難片還刺激啊！

Momoe學的是彩妝，她的房間香香的，很多瓶瓶罐罐整齊的放在書桌上。

這是一間位在第五區的小公寓。第五區，也是我好喜歡的區。這裡是巴黎最古老的一區，因為以前住在這邊的人都說拉丁文，所以叫作「拉丁區」（Le Quartier Latin）。

這邊有巴黎最有名的索邦大學（l'Université Paris-Sorbonne），學術氣氛很濃厚，還有很多好吃的露天餐廳、可麗餅店，在古老的石板小巷裡很熱鬧。帥氣的萬神殿（Le Pantheon）也在這附近，五年前我們來巴黎，就住在五區的一間小公寓。

今天Momoe放的是小野麗莎的音樂，室內瀰漫一種淺橘色的溫暖氛圍。窗外大雪不停的下，好像讓世界更安靜了。

Momoe打開筆電放音樂的時候，我看到桌面的照片，她在醫院裡，一個和她一樣白皙的女生坐在床邊，兩個人淺淺的笑著。

「是你媽媽嗎？」
「是啊，她是我媽媽，她過世了，這是我最後一次幫她化妝。」

● 大雪好像要把巴黎吞沒了。

她還是笑笑的，像平常一樣，好像什麼事都很好的那樣笑笑的，突然感覺，眼前這個像我妹妹一樣的小女生，有一種我沒看過的力量。

這個下午我們聊了很多，她和我一樣，工作一段時間存了一筆錢，來巴黎圓夢，但是她的爸爸不太贊成。她說她很想念她的媽媽，她是世界上最了解她的人。

我問她說，日本人是不是什麼事都笑笑的呢？像是蠟筆小新裡面妮妮的媽媽都笑笑的，可是會躲在廁所打娃娃？

她聽了一直笑，她說很多日本人的確常常辛苦的偽裝自己。她是福岡鄉下長大的女孩，喜歡笑，真誠的笑。

很開心我在巴黎交到了一個真誠的日本朋友。

每個人都有他的故事，但是我們都可以選擇勇敢。

● 我和Momoe

巴黎日式聖誕節

昨天大雪下到半夜，巴黎連機場都關閉了，我就睡在Momoe家。

早上起床，還沒睜開眼就聞到溫暖的味噌湯香味。

"Bonjour~" Momoe跟我說了聲早安，她正在做飯糰，一個個白白胖胖的三角飯糰貼了海苔站在盤子上，好可愛。

她的房間有一個小小的廚房，鍋子裡煮著味噌湯，我走過去很有興趣的看著她做飯糰。我一直以為三角飯糰是把飯倒進模型裡壓成的。「好厲害喔～」我笑著說。

「這是我媽媽教我做的，在日本，媽媽都會教女兒做飯糰喔！」她邊說邊示範給我看。

先把煮好的米飯放進一個小碗裡，在米飯上撒些三島香鬆或是鹹鮭魚，把手沾上溫水和一點鹽，熟練的拿起飯糰按壓旋轉，就完成一個漂亮的三角飯糰了。

她做了海苔和紫蘇兩種口味，都好好吃。

熱呼呼的味噌湯和飯糰耶，這個早餐也太幸福了！

今天是聖誕節，商店都沒開門，窗外大藍天下的街道鋪滿了厚厚的積雪。

吃完活力早餐，我們決定去布洛尼森林探險。

藍天白雪下的布洛尼森林很有童話fu，小朋友拉著雪橇出來玩，臉頰凍得紅通通的好可愛。

鬆軟的白雪很適合跌倒，我很開心的玩了一些在雪裡衝刺和摔倒的白痴遊戲。

我們走到秋天時來探訪過的大湖邊，冬天的景色完全不一樣。樹上
的葉子都掉光了，枯枝展露穹勁的姿態。湖面一半冰凍起來好像沙
灘一樣，鴨子們不怕冷的在冰水裡悠哉的游泳、在冰上散步。
我們從包包裡把早上的飯糰拿出來吃，覺得自己好像桃太郎。

回程時太陽慢慢下山了，看著雪白一片、前後左右都長一樣的森
林，我們好像有點迷路了，只能憑著感覺走。
廣闊的森林好安靜，氣溫愈來愈低。走了一陣子兩個人都沒有說
話，心裡有一點點慌。

「我們來唱歌吧！」
「唱歌？」Momoe看著我。
我唱了一首最近剛學會的法文歌，是我以前來巴黎時好喜歡的一個
法國樂團Kyo的〈Denier Danse〉。
最近為了練這首歌，把歌詞抄在筆記本上每天背，覺得可以不用看
歌詞直接唱出來好帥。Momoe很專心的聽我唱。

"Tres bien~Dee~" 她豎起大拇指跟我說很厲害。
我很開心的又rap了一首英文歌，是我大學時最愛的一首熱血歌，
Third Eye Blind的〈Semi-Charmed Life〉。
不是我在說，我的rap真的滿厲害的，那時常常為了學一首歌背一個
禮拜的歌詞，每天戴著耳機唱。

大聲rap，比了很多嘻哈和彈吉他的手勢，用力笑一笑，好像暖和了
一點。

● 好幸福！

● 把手沾上溫水和鹽，Momoe很專業的做著三角飯糰。

「我也想聽你唱歌。」我說。

我以為Momoe會拒絕我，結果她想了一下，問我說：「你想聽什麼歌？」

青山黛瑪的〈留我在身邊〉，這是去年去東京玩一直聽到的一首好喜歡的日文歌。

我不會日文，就哼了一段旋律給她聽，她聽了就接著慢慢唱了起來，一字一句慢慢的唱。她的聲音很好聽，有一種溫柔卻讓人安心的感覺。

夕陽把白雪染成橘紅色，想起三個月前，我坐在我的小房間裡看不到世界，現在我走在法國的白雪森林裡聽一個日本女孩唱歌。

世界可以很小很小，也可以很大很大。

唱著唱著，我們終於走到了出口，兩個人都累癱了。

「你唱歌很好聽耶。」我躺在床上抬腿傳簡訊跟她說。

「謝謝，下次教我rap吧！」她回我。

"Merry Christmas！" 眼睛閉起來之前我把最後一句傳過去。

我會記得這個超酷的巴黎日式聖誕節。

美好

放一盆，比我熱很多的水，
任它覆蓋、浸透，
到不再需要。

打開窗，是十二月的巴黎，
掠過我的皮膚，提醒我身體的溫度，
還有早晨的咖啡香。

抬起手，看著一顆圓潤的水珠從指尖滴下，
看著白色煙霧各自優雅的旋轉消失在同一個出口。

看著一些微小的美好，因為我而發生，
看著一些美好，一直在，發生。

沒有煙火的跨年夜

「巴黎跨年沒有煙火喔。」大家都跟我這麼說。蛤？真的嗎？
那去巴黎鐵塔附近會不會很漂亮？
「巴黎鐵塔附近會很髒亂，跟暴動一樣！」
可是，我要在巴黎跨年耶，還是要找個特別的地方啊。
這次剛好好朋友Denni來巴黎，我們說好要一起跨年，討論了很久到
底該去哪，那，就去聖心堂（Basilique du Sacré Cœur）吧，艾蜜麗的
那個聖心堂。
Denni她們租的房間就在聖心堂附近，那裡可以俯瞰整個巴黎，看看
跨年的時候巴黎到底在做什麼。
也許哪裡真的有煙火呢～←顯示為不死心。

我們打算在Denni租的房間煮一頓聖誕大餐，開心的喝酒聊天，等到
快要倒數的時候，再慢慢走去聖心堂。
一起到超市買了幾瓶酒，各種起司和義大利香腸（salami）是我最愛
的下酒菜，還有培根、雞蛋和義大利麵。今天要做我拿手的「奶油
蛋黃培根義大利麵」給大家吃。

回到她們租的溫馨小房間，是一個台灣留學生的小房間，房間主人
回台灣跨年了，上網把房間短租給台灣遊客。
小小的房間有一張床、一個小圓桌、一張單人沙發和小廚房，這是
巴黎單人套房的標準配備。
我把鍋子裝滿水，打算先煮麵，但是這鍋水放上爐子煮了二十分鐘
還沒有滾，這……也太久了吧！已經把爐子的開關轉到底了啊，火
力會不會太弱？

結果這鍋水就這樣煮了一小時，還是沒有沸騰。

我知道聖心堂是巴黎的最高點，但是也沒有高到水煮不滾吧，又不是喜馬拉雅山！

胸口的怒火已經可以煮沸很多鍋水了，想不到美好的跨年夜，連要吃個義大利麵都這麼難……

三個人只好開始飲酒作樂，喝得茫茫的時候，我又不死心的去轉轉看電熱爐，想不到過了一會兒水竟然開始滾了。什麼？！！原來，這是一個要逆時鐘轉動才會變大火的整人電熱爐！（為什麼會有這種東西？）

這輩子第一次覺得水沸騰是一個如此美妙的畫面。我把培根爆香，帕瑪森起司和蛋黃溶進鮮奶油裡，與終於軟了的義大利麵拌在一起，撒點黑胡椒，熱呼呼的「千辛萬苦蛋黃奶油培根義大利麵」終於完成了。

大家大口猛吃完全忘了拍照，這頓飯，比什麼大餐都美味啊！

● 聖心堂前擠滿了跨年人潮，我的相機之前拍雪時鏡頭弄髒了沒擦乾淨，拍出一種夢幻的感覺。

晚上十一點四十分，我們穿上最暖的衣服，讓耳罩圍巾塞滿每一個
空隙，就往聖心堂走去。

巷子裡的小酒吧擠滿了人，大家大口喝酒、大聲說笑，遇到的人認
識不認識都會說聲 "Bon Annee!"（新年快樂）。

來到通往聖心的長梯，看到愈來愈多人走上來。這個長梯是巴黎很
多明信片熱門的景，我也有一張貼在書桌前。

走到聖心堂廣場的階梯已經坐滿了人，我們也努力找到三個位子，
擠在人群中看著美麗的巴黎夜景等著2011到來。

時間進入十一點五十九分，開始聽到有些人大聲倒數，五～四～三
～二～一～Happy New Year！！！！！

大家歡呼擁抱，開車經過的人用力按喇叭一起熱鬧，看著腳下的巴
黎，看著自己一步一步爬上來的每一步，沒有煙火，可是還有比這
個更美的畫面嗎？

我們總是在追尋些什麼、放棄些什麼，然後發現，美好在自己身
上。

Dee, 2011.01. 01

● Happy New Year~~~~

The Best Friend in My Dream

Yo來了，我的超級好朋友Yo從紐約來找我了。

跟我差不多路痴的她竟然真的搭巴士、轉地鐵，準時找到了布洛尼站來找我了！

在每天上學都會經過的地鐵站的門看到她時，我就哭了。

「哈哈哈，你哭什麼啊？」她笑我。

吼，就很感動嘛，你真的來巴黎找我了耶！

Yo是我大學的好朋友，她是我們台大女籃的精神領袖。球技超強、眼神超殺，總是帶著旺盛的求勝意志在球場上帶領大家。

以前她的家是我們球隊的大本營，每次大小聚會節日party都會在她家舉行，玩累了就直接睡在她家沙發。

雖然她和我同屆，卻好像我的姊姊一樣。

四個月前我最傷心的時候，她在紐約念書，半夜還上線陪我聊通宵。她是第一個知道我要來巴黎的人。

「去吧，決定了就去做！」她說。

然後我一直說著：「要來巴黎找我喔！等我變很厲害帶你去玩！」她真的來了。

我們放好行李，晚上就去塞納河夜遊。這是我心中認識巴黎最好的開始，絕對不會讓客人失望！一路沿著我愛的每一個點，一一向她介紹。

● The best friend in my dream

● 跟不同的朋友玩起來就是不一樣。

以前我在球隊是一個練球、功課都讓人擔心的欠揍小孩，還好有大家照顧我，幫我度過很多難關。現在我可以跟最照顧我的超級好朋友走在自己的夢裡，告訴她巴黎有多美，心裡真的好多感動。

晚餐我做了自己發明的超好吃鴨胸燒肉佐蔥花蘿蔔泥橘醋醬，再把煎鴨胸剩下的鴨油炒野菇和蔬菜給客人吃。

看到對吃很講究的Yo吃到眼睛都瞇起來，盤裡一點都不剩，真的超有成就感！
終於懂我媽的感覺了。

晚上Yo躺在床上敷臉，我坐在我的小書桌編照片。
「明天要去哪玩？」Yo問我。
「嘿嘿，全都包在我身上！」

● 鴨胸燒肉&鴨油炒野菇蔬菜

● 客人說好吃。

I'm Proud of You

「這趟旅程,吃喝玩樂都交給我吧!」

我把腦中的巴黎地圖分成很多條路線,每天帶客人到處走。

這好像我的巴黎大驗收,從一個以前總是不用腦跟著別人走的路痴,到現在可以自己規劃路線當深度導遊。噢,我真是太為自己感到驕傲了!

Yo看了我一下笑說:「好啦,很厲害,很愛自己說。」

哈哈,是真的厲害啊!

她也真的完全不用腦跟著我走,才知道原來帶一個路痴是這麼有成就感!

我帶Yo跟我去學校上課,體驗遊學生的生活。她是加拿大僑生,以前學過法文,憑著記憶還可以幫我抄筆記。

William很高興的跟她說:「請幫我督促Dee好好寫功課,歡迎你天天都來!」

下了課,我們就去買我每天都吃的超好吃三明治一起吃,還請William帶著我們上超精彩的巴黎歷史課。

我們去瑪黑區玩耍。跟Yo在一起什麼都好玩,兩個人講什麼無聊的笑話都可以笑到肚子痛。

我們鑽進大街小巷拍藝術照,我把我的私房景點都貢獻給她了,我會set好景然後指示她:「站好,看我,笑,不要看鏡頭,望向遠方……」

拍完再一起驚歎的看著剛剛拍下的完美照片說：「也太好看了吧！」

看吧，巴黎隨便拍都厲害～～

我帶Yo去每一家我愛的餐廳，像是L'ourcine和L'Ami Jean。

之前她看我拍的相片都說我表情太誇張，結果自己吃了還不是一樣誇張，哈哈！

那種好吃到想呼喊親朋好友來分享的衝動，終於有人可以懂。

我們很隨性的在一個天氣晴朗的日子想要去凡爾賽宮（Le château Versailles）參觀和野餐，去了才知道凡爾賽宮禮拜一不開放，只好整個下午都在花園野餐。結果晴朗空曠的凡爾賽花園超級無敵冷，沒有穿褲襪的兩個人坐在長凳上邊吃邊抖，經過的人都會露出一種異樣的微笑說："Bon appétit."（用餐愉快。）

一定要一起幹一點蠢事的啊，哈哈，還是在凡爾賽宮耶，這麼帥！

終於有人跟我一起去夜店玩了，我們喝了兩杯whisky coke，Yo就開始跳舞。

她不但打球厲害，跳舞也超強，隨便扭兩下就魅力四射，一會兒已經很多人圍著她一起跳。

巴黎的年輕人對美國很嚮往，知道Yo住紐約更是馬上交換FB。看著她在舞池裡一樣炙手可熱的帥氣身影，想起以前我們一起瘋一起蹲在路邊吐，再一起去復興南路吃清粥小菜聊天到天亮的週末夜晚。

今天沒有清粥小菜了，但是我知道不管過多久，不管相隔多遠，都

有你們在。

走在深夜的巴黎街頭，這次有Yo陪我。
「你說我可以做到的，我真的做到了！」
想到四個月前在skype前悲傷到沒有力氣的我，突然熱淚盈眶的抱著
Yo為自己喝采了起來。
「哈哈，真的很愛自己說……」Yo笑我。
"I'm so proud of you." 她摸摸我的頭說。
我又哭了，我是愛哭鬼。

L'ourcine
92 Rue Broca, 75013 Paris
Tel: +33 47 07 13 65
http://www.restaurant-lourcine.fr

L'Ami Jean
27 Rue Malar, 75007 Paris
Tel: +33 47 05 86 89
http://www.lamijean.fr

● 連裝番茄醬的槍也可以玩得很開心。

● L'Ardoise餐廳。這個人以前還說我誇張。

● 瑪黑區的藝廊，很愛演的兩個人。

●吳沁婕大師作品

● 拿著一根法國麵包就會有野餐fu。

● 假掰的塞納河畔閱讀時光

自由

你騙了我嗎？我這麼相信你……
我聽到的消息，希望那不是真的……

一時之間，我好像呼吸不到空氣，
很想把自己打昏，我不知道我有沒有勇氣面對，
我這麼相信你……
抓著一瓶酒走在寒風刺骨的街道，
就這樣，一直走。

冷風吹著，腦袋好像愈來愈清醒。
我以為我會生氣，可是我沒有，
我以為我會責怪誰，我也沒有，
我知道，這是我們之間的問題。
當你已經沒有辦法告訴我你在想什麼，
當你總是只跟我說我想聽的，
所以，才措手不及。

我知道，你累了，

我也累了。

然後，我們捨不得，

所以開始騙自己，沒事沒事，一切都會好的，

直到我們再也沒有力氣，

直到……

我真的不怪誰，

我知道，那些毫無保留愛著的每一天，

那些開懷無憂的大笑，那些一起流下的眼淚，都是真的。

美好的，都美好著，

其他的，不重要了。

快樂自由了，傷心自由了，

對的自由了，錯的自由了，

太漂亮的風景，還沒懂的事，喜歡的那一首歌，

都自由了。

送我的巴黎夢

我的皮夾被偷了。

我在地鐵上要坐下來時，發現我的背包開開的，仔細搜索了整個背包，都沒有找到皮夾。我不確定是被人打開的，或是我根本就沒關背包。我常常在發現自己背包大開但皮夾還在裡面的情況下，歸納出只要背包忘記關，扒手就會沒興趣的結論（大誤）。

但是這次，皮夾真的被偷了，在我要離開巴黎的前兩天。

我提著一袋鴨胸和兩個小白蘿蔔正要去小朱家做菜給他們吃。回想剛剛在超市，剛好把最後兩塊零錢掏出來買蘿蔔，那位扒手一定會很傷心偷到一個裡面只有一毛五的皮夾。

而且我正要去小朱家耶，剛好可以請他用厲害的法文和無比的耐心幫我打電話到巴黎銀行把信用卡停掉。

我真的是個幸運的人啊，連皮夾被偷都一切配合得這麼有緣分。

下了地鐵在聖拉薩轉火車。搭了幾站，看到一群龐大的查票大軍，四、五個戴著帽子、穿著警察制服很有殺氣的人走上車來，還牽著一隻帥氣的狼狗。

啊咧……我的月票就在剛剛離我而去了……

在巴黎四個月沒遇到幾次查票，為什麼這麼巧就在我失去月票後十分鐘遇到了？緣分是件很奇妙的事……

我做好了心理準備，等一下可能會被查票警察的殺氣眼神瞪著，被當成一個逃票者看待。

罰錢還好，但是我不喜歡被當作逃票的人，我明明是有乖乖付車票錢的好學生！

心臟跳得好快，生平第一次體會到歹徒遇到警察是什麼感覺。結果查票大軍在查完了前一個車廂之後，竟然直接走過我們這節車廂，去查下一節車廂。這……是有沒有這麼幸運的事啊？

很怕查票大軍又走回來，火車一靠站，我就馬上下車想要換一台搭，結果一抬頭，看見「Bécon」，這不是剛好小朱家那站嗎？

我連換車都不用了！ 一切都幸運得不可思議！

拿著鴨胸、蘿蔔直奔小朱家，和她們分享了這個皮夾不見的奇幻旅程。小朱邊笑邊幫我打電話把信用卡停了。

損失：一毛五歐元和一個舊皮夾
洋溢的幸福感：無價

說了好久的鴨胸燒肉，今天終於要做給小朱和嘟嘟嵐吃。

我小心翼翼的片著鴨胸肉，大家沒什麼講話。

嘟嘟嵐沒有在簽證期限內找到工作，不久就要回大陸了，要失去這個可愛的室友，我知道小朱心情也不好。

想到四個月前這裡收留了我，打開窗跟巴黎的陽光共進的那頓晚餐，烏漆抹黑的清晨帶著我的行李往南法出發。

想到這幾個月三不五時在這個小公寓度過的快樂時光，我和嘟嘟嵐輪流做菜，三個人一起吃飯，看《康熙來了》邊吃邊笑，吃完小朱洗碗，大家聊天，教我法文。

這個溫馨的小公寓像是我的避風港，什麼事來這裡都可以解決，開心不開心都有你們在，我也好捨不得……

吃著沉默的晚餐，小朱突然笑了一下，指著嘟嘟嵐說：「她說今天看到你她會哭。」

「你很煩耶，幹嘛說啦……」說完嘟嘟嵐就遮著臉哭了起來。

我也忍不住了，兩個人遮著臉、流著淚，罵小朱說：「你真的很煩耶……」

三個人笑了出來，邊笑邊哭。

我一定會很想很想你們的……

謝謝你們在我需要一個新的開始的時候陪在我身邊，

謝謝你們送我的巴黎夢，比我想的還要美！：）

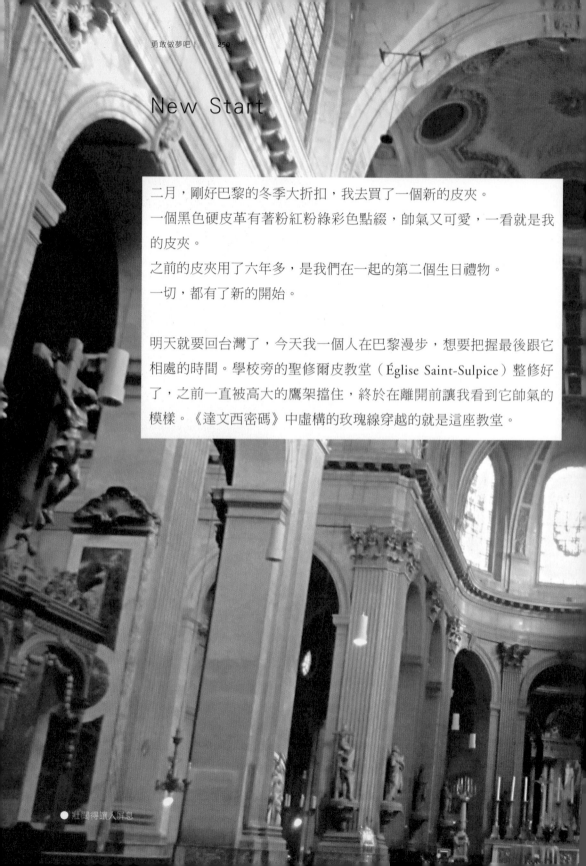

New Start

二月，剛好巴黎的冬季大折扣，我去買了一個新的皮夾。

一個黑色硬皮革有著粉紅粉綠彩色點綴，帥氣又可愛，一看就是我的皮夾。

之前的皮夾用了六年多，是我們在一起的第二個生日禮物。

一切，都有了新的開始。

明天就要回台灣了，今天我一個人在巴黎漫步，想要把握最後跟它相處的時間。學校旁的聖修爾皮教堂（Église Saint-Sulpice）整修好了，之前一直被高大的鷹架擋住，終於在離開前讓我看到它帥氣的模樣。《達文西密碼》中虛構的玫瑰線穿越的就是這座教堂。

● 壯闊得讓人屏息

走進教堂沒什麼人，一抬頭卻壯闊的讓人屏息。厚重的石材讓教堂一年四季都涼爽寧靜，挑高的圓拱形天花板至少有十層樓高，還有一個超大的管風琴，高高的站在我頭頂。教堂裡的每一根樑柱，每一個細節都精緻得讓人讚歎。上面載著的，是輝煌的歷史。

這座教堂光是建造就花了一百三十四年呢。
看著陽光穿過彩繪玻璃，灑進教堂，投射在地上，我不是那麼懂歷史，但是只要坐在這裡，很多事好像不用說就懂了。

我想起很多個午後，在巴黎走累了就找一間教堂坐在椅子上發呆的寧靜午後。
我會想念這種感覺的。

教堂裡放著很多教堂整修時的照片，看了就知道它為什麼要整修這麼久了。
這麼大一座教堂，任何一點點的剝落、一點點的毀損，都要用一模一樣的石材，經過非常精細的工法修補後重新雕琢成原來的樣子。
在巴黎，大部分的建築物都受到這樣的對待。
曾經因為太愛巴黎的樣子，很蠢的問鍾姐說：
「會不會有一天巴黎都變成高樓大廈？那我一定會哭很久！」
「拜託，巴黎人怎麼可能讓這種事發生？ 還要你來擔心！」
很少在被人打槍後竟然感到一種深深的安心。

我打算今天晚上不睡了，要扛著腳架去我最愛的香榭大道和塞納河
邊跟巴黎說再見。
走在熟悉的路上，看著凱旋門、羅浮宮、奧賽美術館、巴黎鐵塔靜
靜陪著我，像每次他們都會靜靜陪著我那樣。
真的好想跟巴黎說謝謝。Thank you for everything.

我喜歡有一個地方總是可以讓我哭，
我喜歡我不停的往前走，
我喜歡我總是愛做夢，
我喜歡我走在夢裡的每一秒鐘。

我會讓它一直是美夢的，Paris et...

Dee, 2011.02.03

● 晚上不睡了，扛著腳架來到香榭大道。

● Paris, thank you for everything.

Home, Sweet Home

一早我搭著鍾姐介紹的中國大哥開的車子，來到了戴高樂機場。

昨天晚上我盡可能把行李精簡，不要的都丟掉，但還是比來的時候多一倍。本來想要把一些東西寄回去，但是聽說海運很慢而且會寄丟，空運又好貴，已經把錢花光的我決定把所有家當都扛在身上帶回去。

我把我最厚的三件外套穿在身上，兩件拿在手上，帶著四個長大一倍的孩子們跟著我走進了機場。

從下車到櫃檯大概二十公尺的路程，就覺得有點頭暈了，天啊，我竟然曾經想要帶著這些自己搭地鐵轉火車來機場，這應該只有海軍陸戰隊做得到吧，50歐元的機場接送車費花得實在是太值得了！

到了機場check in時，把我的棄屍用行李箱放上磅秤，24kg，很好，終於增長了一些經驗讓我把託運行李的重量控制在合理範圍。

地勤小姐把它貼上一張heavy的貼紙之後，就讓它順利放上輸送帶，正當我要拿著其他家當離開時，一個華裔臉孔說著流利英語、穿梭在排隊旅客間幫忙大家的地勤小姐走過來，指著我身上的背包、大花袋和登機箱。

"They will follow me!" 我對她笑了一下，做了個ok的手勢。

"No, no, no..." 她搖頭。

什麼？！她說我只能帶一件行李上飛機……

我記得出國時沒人管我帶多少東西上飛機的啊，所以我才會打了個「把太重的東西統統帶上飛機」的如意算盤。

她要我把除了背包以外的兩件行李放上磅秤，然後按了一下手上的計算機給我看。705歐。

別開玩笑了！！！705歐，我的行李加起來都不知道有沒有值705歐，這……該怎麼辦呢？

我假裝要去旁邊想一想，走到遠處把大花袋放在椅子上，然後把登機箱裡的幾雙鞋又拿出來塞進花袋，想說先拉著登機箱來過磅吧，等下要上飛機再偷偷來拿花袋，反正這麼花應該沒有人會偷。

走到櫃台，她要我把登機箱放上磅秤，然後按了一下計算機跟我說她給了我一個優惠價：435歐。

435歐……是哪門子的優惠價啊？我真的要賣身了我……

"Please..." 我用鞋貓的無辜眼神看著她。

"Sorry, but my boss is watching me..." 她搖頭。

我哪有這麼多錢？想到我已經空空的銀行戶頭，悲從中來。

"I have no money..." 我眼角露出閃閃淚光。她很為難的看了我一下，就走去旁邊幫忙其他旅客，然後又走了回來。

"Ok, because today is CHINESE NEW YEAR..." 她小小聲說。

"Ya, CHINESE NEW YEAR..." 我一聽到關鍵字就張大眼睛跟著她點頭。

他幫我把登機箱貼了一張貼紙，放上輸送帶，讓我免費多託運一件行李。

"Thank you, thank you so so so much..." 噢，我真的要哭了，突然覺得她長得比仙女還要美。

"But that..." 她眼睛瞄了一下我放得很遠的花袋。嘖嘖，真是明察秋毫啊，果然是仙女……下次我一定要帶一個不花的袋子。

感謝仙女小姐的好心，我果決的把整袋鞋子丟在機場，裡面還有陪著我五個月的地圖、旅遊書和腳架。

有些東西，捨不得，還是要放下。

有始有終的，在驚濤駭浪之中，我上了飛機，但是感謝CHINESE NEW YEAR。

今天是大年初一，我旁邊的兩個座位都沒人，讓我躺平睡了個好覺回到台灣。

Home, sweet home！<3

勇敢做夢吧！

從巴黎回來後，很快的開工繼續當一個昆蟲老師。

我很想念我的工作，

有一個讓人可以想念的工作，真的是一件很幸福的事。

還是會常常想起在法國的那五個月，

那好像是一個外掛的世界，好像並不出現在我人生的時間軸上，

但是每一個感動，卻是那麼的真實。

我還是會在夏天的晚上，坐在陽台吹吹風，

買一些義大利香腸和起司，倒一杯紅酒，

享受晚風拂過臉頰，看著雲裡亮著的星星。

我長大了一些，我的無憂無慮多了些深思熟慮。

我依然相信愛情，相信那些用心去感覺的所有，

我知道下次我會更知道怎麼擁有。

然後我出書了，這是我的第三本書，

我每天開心的工作、演講，有空就找間喜歡的咖啡店坐下來寫書，

我過著以前以為是在做白日夢的那種生活。

雖然有時候上課還是會忘記帶蟲，偶爾記錯演講日期。

我在胸口刺了一個巴黎鐵塔，Amour de rêves（love of dream），

看著鐵塔優雅流線的站在我的胸口，像我每次看到它一樣。

我的夢沒有碎，重重的摔下去但是沒有碎，

我把它捧起來了，用我自己的力量。

最重要的是，我又有了做夢的勇氣，

因為我知道，美好在自己身上。

沒有人可以告訴你勇敢往前走會遇到什麼，
但是你一定可以得到一個勇敢的自己。

獻給每一個勇敢的你：）

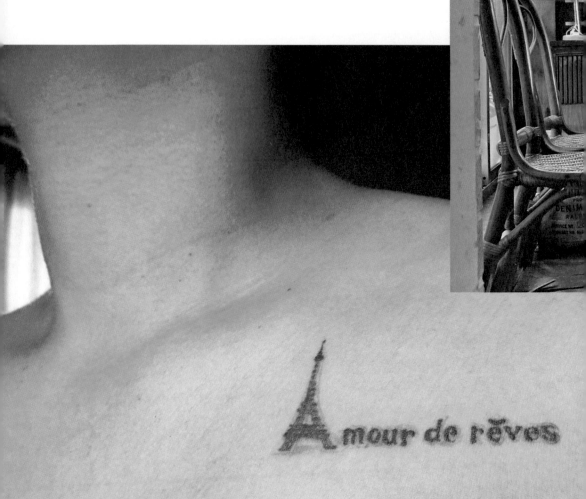

附錄

在巴黎自己煮
也超好吃的懶人料理

在巴黎生活，如果不是好野人，一定得自己煮來吃。外面最便宜的餐廳是速食店或中國餐館，一餐下來也要10歐左右，自己煮的話，2-3歐的成本就可以吃很好。

我算是個愛做菜的人，但是懶得收，所以平常會弄些經濟實惠、簡單好收、不會把廚房炸掉的食物來吃，這樣也可以很滿足～

在此跟大家分享我的「保證便宜簡單又好吃懶人料理」！（在台灣也可以做喔！）

★早餐

週末睡到自然醒的早晨，我會心血來潮做個蛋捲。三顆蛋的大蛋捲包滿火腿、蘑菇、牽絲的乳酪，還搭配樓下麵包店剛出爐的法國麵包或可頌，美好的一天就這樣開始囉！

火腿起司蛋捲

準備蛋三顆、鮮奶油一大匙，鹽和烹大師（必備，我從台灣帶一大包過來）各一茶匙。將以上材料混勻。火腿、起司切丁。

在鍋中加入適量的油（約一大匙），待油熱（用筷子滴一點蛋液進油中，可以馬上起泡的溫度）將蛋液倒入鍋中，不停攪拌讓蛋均勻受熱，呈現半熟狀態。加入火腿和起司，包進蛋皮中，倒進盤子。

●火腿起司蛋捲

培根芝麻葉沙拉

這道培根蛋芝麻葉沙拉是市場賣芝麻葉沙拉的小販教我的。芝麻葉是一種微苦帶著榛果油脂香氣（但是一點都不油）的神奇沙拉葉，完全不愛吃苦和沙拉的我在義大利吃過一次後就驚為天人，可搭配法國麵包把盤子裡最後一滴蛋汁都沾光光。它與各種肉類、炒蛋、火腿、臘腸、起司搭配起來也很棒。在法國超市都可買到，台灣在一些日系超市也買得到。

做法是將培根丁炒出焦香，加入蛋拌炒一下至半熟起鍋，放在芝麻葉上即可。也可撒上一點帕馬森起司增加風味。

● 芝麻葉沙拉

● 奶油砂糖口味可麗餅

● 奶油肉鬆口味可麗餅

可麗餅

我最愛柔軟的法式可麗餅皮。冷凍食品店Picard有賣煎好的冷凍餅皮,用平底鍋小火兩面煎三十秒加熱(不用油),Q軟中帶著麥香的餅皮,可以夾上任何自己喜歡的食物,火腿、起司、巧克力醬、蜂蜜都可以。我喜歡抹上奶油、撒上糖粒,或是抹好奶油夾進肉鬆,馬上就變出中西合璧台灣古早味。

附帶一提,Picard是巴黎人生活中不可或缺的冷凍食物店,裡面有琳瑯滿目的冷凍蔬菜、肉類、海鮮、冷凍生食、熟食、冷凍鹹食、甜食、冷凍微波食品等等。我家樓下剛好就有一家,加上兩家超市賣的生鮮食材,想做什麼都沒問題。

● 我家樓下的Picard

★午晚餐

無敵好吃祕傳醬油蛋

推薦給各位我媽媽的「祕傳醬油蛋」。這是我三歲的時候，一吃就天天吵著我媽做給我吃的超簡單無敵好吃料理。只要兩三顆蛋，（不想太胖時就只吃兩顆，想加菜吃三顆）、一點烹大師和醬油，拿捏好火候，三分鐘上菜！

熱油帶出了雞蛋的美味和醬油的香氣，保證每個人都可以大吃好幾碗飯！

做法是在鍋中加入適量的油（三顆蛋約一大匙油），待油熱打入雞蛋（擔心動作不夠快可以先把蛋打進碗中），把醬油從鍋邊淋下，讓香氣出來；加入烹大師，弄破蛋黃稍微翻攪（不要過度攪拌，翻幾下均勻就好），關火，起鍋。

這道菜最重要的是火候，油要熱，動作要快，半熟起鍋，這樣的雞蛋才會柔嫩好吃！

● 無敵好吃祕傳醬油蛋

超方便漢堡排

Picard的冷凍漢堡排非常好用，可以煎熟成漢堡排直接吃，也可以弄散就是超方便的牛絞肉，買一袋二十片裝，一片成本不到1歐。可以變化成多種料理。例如以下兩道：

蘑菇洋蔥紅酒漢堡排

準備漢堡排兩片、洋蔥四分之一顆、洋菇三朵（大朵三朵，小朵可五至六朵）、油一匙，鹽兩茶匙，黑胡椒一茶匙，紅酒一大匙和麵粉一匙。

平底鍋加入油，待油熱，中火將漢堡排兩面煎熟，翻面前撒點鹽，起鍋裝盤。

利用鍋內油脂肉汁炒洋蔥和洋菇，加鹽和黑胡椒調味，炒軟後加一點紅酒，待紅酒揮發撒上麵粉，拌勻，加少量水，完成後把醬汁淋在香噴噴漢堡排上就完成了。這道料理也可以將紅酒換成醬油喔！

● 蘑菇洋蔥漢堡排（醬油口味）

● 洋蔥番茄黑胡椒牛肉飯

洋蔥番茄黑胡椒牛肉飯

準備好洋蔥半顆、小番茄五個、漢堡排一片、油一匙、醬油一大匙、黑胡椒一茶匙。漢堡排弄散成牛絞肉（牛絞肉可以換成各種肉絲或肉片）下鍋炒到半熟，起鍋備用。

洋蔥切絲，下油鍋爆香，小番茄切半下鍋炒，炒軟後加入牛絞肉、醬油、黑胡椒一起炒，起鍋後蓋在熱呼呼的白飯上就完成。牛絞肉可以和各種自己喜歡的食物拌炒，都會很下飯。

義式番茄蔬菜

這道簡單的料理，我第一次做的時候是在義大利，用義大利的番茄做，好吃到嚇死人～～義大利的番茄真的太厲害了，是一種一吃就停不下來，吸收了地中海陽光、空氣和水的魔力番茄，做什麼料理都好吃。如果有機會到義大利的人一定要試試！

如果沒有義大利番茄，我們就用酸甜充滿番茄香的小番茄（不要用紅紅大大的牛番茄），並加上櫛瓜，一種在歐洲很普遍、長得很像大型小黃瓜但吃起來完全不一樣的好吃瓜類。櫛瓜烹煮的重點是要煮出甜味，但不要煮過頭。

先準備好培根丁一百克、洋蔥四分之一顆（切丁）、櫛瓜一條（切半圓厚片）、小番茄十顆（對半切）、洋菇（切厚片）。

將培根丁炒出焦香，洋蔥下鍋一起炒，再下小番茄，炒到番茄出汁，下洋菇和櫛瓜，炒至番茄汁被吸收上色，起鍋。櫛瓜不要炒太久，太軟變透明就不好吃了。起鍋撒上帕馬森起司，完成！

● 義式番茄蔬菜

番茄蔬菜魚湯

同樣的蔬菜也可以拿來煮魚湯。Picard有賣各種冷凍白肉魚排，我也會買一大包回家做各種料理，煮番茄蔬菜魚湯，好喝又營養。

取魚排一塊、櫛瓜半條（切半圓厚片）、小番茄十顆（對半切）、洋菇五朵（切厚片）。

將魚排退冰，切塊，抹一點鹽和酒（沒有米酒就用白酒）備用。煮沸200ml的水，把番茄切半放進水中煮五分鐘，再放入櫛瓜和洋菇，下魚肉塊，加鹽調味，煮至魚肉熟就完成了。

● 番茄蔬菜魚湯

鴨胸

自從有一天發現原來超市都有賣鴨胸而且自己隨便煎都好吃，我就開始一天八餐都吃鴨胸了。法國鴨真的太驚人，鴨皮的油脂非常香，配上半熟卻完全沒有腥味又鮮甜到不得了的鴨肉，那真的比我吃過的高級牛排都還美味！

剛發現自己煎鴨胸超美味的那兩個禮拜，我每天為了鴨胸一下課就衝回家，然後每次吃下第一口還是會一個人對著天呼喊：「怎麼會這麼好吃啦！！！」接著晚上繼續吃、繼續呼喊……

強烈建議大家到法國一定要試試！

香煎鴨胸

法國超市買的鴨胸一塊大約8-9歐元，我會把它切成兩半，一半就夠一餐的量了，兩三百台幣的價錢可以吃到比高級牛排還好吃的鴨胸，真的超值得！

因為鴨胸很厚，如果沒有烤箱，要煎到整塊都熟又鮮嫩比較困難，所以我都切成約一公分的厚度，火候好拿捏，兩面煎一下很快就可以起鍋，七分熟最鮮嫩好吃，配上芝麻葉無敵！

法國的鴨胸有分醃過和沒醃過的。醃過的顏色比較紅，已經有鹹味，不用調味就很好吃，但是我最愛吃沒醃過的原味，灑點鹽和胡椒就超完美！

● 香煎鴨胸

蔥花蘿蔔泥橘醋醬鴨胸燒肉

法國鴨的肉質鮮嫩，油脂豐厚甜美，有一天我就突發奇想，把它做成日式燒肉一定很好吃！跑去超市真的被我找到了小金桔和小白蘿蔔（法國有一種圓圓小小的白蘿蔔），回家馬上把白蘿蔔磨成泥，加上醬油、白醋、蔥花，擠入金桔，做成美味橘醋醬，再把鴨胸切成燒肉大小煎熟沾上醬汁，挖一大口白飯，喔～～～～旋轉～～～～～～～～

大推薦這道簡單到不行的升天料理！

● 蔥花蘿蔔泥橘醋醬鴨胸燒肉

勇敢做夢吧！
不走都不知道自己有多厲害

作者／吳沁婕

主編／林孜懃
編輯協力／陳懿文
美術設計／黃子欽
封面攝影／李家宜
行銷企劃／陳佳美
出版一部總編輯暨總監／王明雪

發行人／王榮文
出版發行／遠流出版事業股份有限公司
地址：台北市南昌路2段81號6樓
郵撥：0189456-1
電話：（02）2392-6899 傳真：（02）2392-6658
著作權顧問／蕭雄淋律師
輸出印刷／中原造像股份有限公司
2014年6月5日 初版一刷 2019年5月25日 初版六刷

國家圖書館出版品預行編目(CIP)資料

勇敢做夢吧！：不走都不知道自己有多厲害 /
吳沁婕著. -- 初版. -- 臺北市：遠流, 2014.06
面；　公分
ISBN 978-957-32-7434-6（平裝）

　1.遊記　2.留學　3.法國巴黎

742.719　　　　　　　　　　103009580